MARCO ● POLO

W0067321

NEUSEELAND

Reisen mit
Insider
Tipps

> Für uns ist Neuseeland mit seiner einzigartigen Flora und Fauna nach wie vor das kleine Paradies am Ende der Welt. Es gibt immer noch Platz im Überfluss. Wer einsame Wildnis sucht, muss keine riesigen Entfernungen zurücklegen: nur raus aus den Städten und rein in die abwechslungsreiche Natur.
> *MARCO POLO Autoren*
> *Stefan Huy und*
> *Bruni Gebauer*
> *(siehe S. 138)*

Spezielle News, Lesermeinungen und Angebote zu Neuseeland:
www.marcopolo.de/neuseeland

NEUSEELAND

> SYMBOLE

 **MARCO POLO INSIDER-TIPPS**
Von unseren Autoren für Sie entdeckt

★ **MARCO POLO HIGHLIGHTS**
Alles, was Sie in Neuseeland kennen sollten

☀ **SCHÖNE AUSSICHT**

🛜 **WLAN-HOTSPOT**

▶▶ **HIER TRIFFT SICH DIE SZENE**

> PREISKATEGORIEN

HOTELS
€€€ über 100 Euro
€€ 50–100 Euro
€ unter 50 Euro
Die Preise gelten für zwei Personen im Doppelzimmer pro Nacht ohne Frühstück

RESTAURANTS
€€€ über 25 Euro
€€ 18–25 Euro
€ unter 18 Euro
Die Preise gelten für eine Vorspeise und ein Hauptgericht ohne Getränke

> KARTEN

[124 A1] Seitenzahlen und Koordinaten für den Reiseatlas Neuseeland

Karten zu Auckland, Christchurch, Dunedin und Wellington finden Sie im hinteren Umschlag

Zu Ihrer Orientierung sind auch die Orte mit Koordinaten versehen, die nicht im Reiseatlas eingetragen sind

INHALT

> SZENE

S. 12–15: Trends, Entde-ckungen, Hotspots! Was wann wo in Neuseeland los ist, verrät der MARCO POLO Szeneautor vor Ort

> 24 STUNDEN

S. 102/103: Action pur und einmalige Erlebnisse in 24 Stunden! MARCO POLO hat für Sie einen außergewöhnlichen Tag in Auckland zusammen-gestellt

> LOW BUDGET

Viel erleben für wenig Geld! Wo Sie zu kleinen Preisen etwas Besonderes genießen und tolle Schnäppchen machen können:

Keine Angst vorm kalten Zelt dank kostenloser Hotpools gleich nebenan S. 34 | Umsonst den Mini-Dinos einen Besuch abstatten S. 84

> GUT ZU WISSEN

Was war wann? S. 10 | Spe-zialitäten S. 26 | Ganz schön kalt S. 47 | Blogs & Podcasts S. 48 | Bücher & Filme S. 52 | Im Tolkien-Land S. 80 | The Home of Bungee S. 88 | Währungsrechner S. 114 | Was kostet wie viel? S. 115 | Wetter S. 116

AUF DEM TITEL
Einzigartige Kajaktour durch den Nationalpark S. 101
Art déco mit Weltruhm S. 42

ENTDECKEN SIE NEUSEELAND!

Unsere Top 15 führen Sie an die traumhaftesten Orte und zu den spannendsten Sehenswürdigkeiten

Die Highlights sind in der Karte auf dem hinteren Umschlag eingetragen

 Parnell Street & Village
Nostalgische Einkaufsadresse mitten in Aucklands Innenstadt (Seite 36)

 Hot Water Beach
Dank Thermalquellen der heißeste Strand weit und breit. Und niemand hindert Sie, Ihre private Badewanne in den Sand zu graben (Seite 39)

 Napier
Traumstadt für Art-déco-Fans: Die gut erhaltene Bausubstanz ist garantiert stilecht (Seite 42)

 Waitangi Treaty Grounds
In der Bay of Islands zeugen liebevoll restaurierte Baudenkmäler von den Anfängen der Nation Neuseeland (Seite 45)

 Hangi
Bei dem traditionellen Festessen mit polynesischer Folklore werden Spezialitäten aus dem Erdofen serviert (Seite 53)

 Waimangu Volcanic Valley
Im dampfenden Tal führt der Weg durch den heißen Atem aus dem Erdinneren (Seite 55)

 Te Papa
Neuseelandtypisches zum Staunen, Schmunzeln und Spielen: ein lebendiges Nationalmuseum in Wellington (Seite 59)

 Akaroa
Lassen Sie sich angesichts des dörflichen Idylls inmitten karger Hügel vom Charme der französischen Enklave bezirzen (Seite 69)

> DIE BESTEN MARCO POLO HIGHLIGHTS

 Otago Peninsula
Imposante Königsalbatrosse, putzige Gelbaugenpinguine und in der Sonne dösende Robben machen Ihren Besuch der Halbinsel bei Dunedin zu einem wahrhaft tierischen Erlebnis (Seite 73)

 Abel Tasman National Park
Lauschiger Regenwald, verschwiegene Badebuchten und herrlich weiße Sandstrände: Wildnis für Romantiker (Seite 82)

Marlborough Wine Trail
Walking on the wine side: Hier dürfen Weinkenner von einem Winzer zum nächsten wandern und beim Verkosten erlesener Marlborough-Tropfen ins Schwärmen geraten (Seite 85)

 Kaikoura
Die draußen im Pazifik auftauchenden Wale sind ein Augenschmaus, die an der Klippenküste gefangenen Langusten eine Delikatesse (Seite 85)

Queenstown
Neuseelands Abenteuerspielplatz fürs ganze Jahr: Bungeespringen, Rafting, Jetboating und Skispaß im Winter (Seite 86)

Observation Point
In der Stille Stewart Islands die Sonne untergehen sehen und auf das Sternbild Southern Cross warten ... (Seite 93)

 Milford Sound
Einmalig schön, aber launisch: Nur bei klarem Wetter lässt sich der Fjord bewundern (Seite 97)

WAS FÜR EIN LAND!

Key Summit Track, Rotehörn Track

AUFTAKT

> Wenn es ein Naturparadies gibt, dann am anderen Ende der Erde. Dort, wo sich scheue Kiwi-Vögel im Unterholz des Regenwaldes verstecken, wo vitaminreiche Kiwi-Früchte reifen und wo die Kiwis – wie sich die Neuseeländer selbst nennen – freundlich und offen Besucher aus aller Welt aufnehmen. Die landschaftliche Vielfalt verblüfft: Traumstrände in mediterranem Klima, eiskalte Gletscher im Hochgebirge, tiefgründige Fjorde, verschlungene Wälder mit Riesenbäumen und Thermalgebiete, in denen die Erde überkocht. Maori bewohnten dieses Paradies als erste. Ihre polynesische Kultur macht bis heute Neuseelands exotischen Reiz aus.

> Behaupten Sie besser nicht, dass Neuseeland „irgendwo bei Australien" liegt. Erstens trennen immerhin über zweieinhalb Flugstunden die beiden Landmassen, zweitens nimmt die Rivalität zwischen den beiden Völkern zwar nicht immer ernst gemeinte, doch auf jeden Fall kuriose Ausmaße an. Schlimm genug, dass ausgerechnet der Kiwi (Neuseelands Symboltier) eher vom australischen Emu als vom schon lange ausgestorbenen neuseeländischen Moa abstammen soll. Der Aussie, lästert der Kiwi (der Mensch), sei ein ungeschliffener Nachfahre englischer Strafgefangener, die 1788 den Kontinent besiedelten. Der Kiwi aber, kontert der Aussie, habe nur Angst, dass sein Inselstaat endgültig rechts unten von der Landkarte rutsche. Die noch größere Angst dabei werde sein, dass es niemand bemerken könnte.

Die Existenz am Rand des Weltgeschehens wird von den Neuseeländern mit Selbstironie hingenommen. Kiwi nennen sie sich selbst nach dem heimischen halb blinden, flugunfähigen und etwas plumpen Vogel. Rund 40 Mio. Schafe und 4,3 Mio. Einwohner teilen sich Nord- und Südinsel und ganz im Süden, Stewart Island. Die Längenausdehnung beträgt rund 1700 km, die Fläche 268000 km^2 (in Deutschland sind es 357000 km^2). Würde man zwischen Frankreich und Marokko entlang des Durchmessers der Erdkugel ein Loch graben, so käme man – rein theoretisch – in Neuseeland wieder an die Oberfläche.

> 4,3 Mio. Menschen teilen sich das Land mit 40 Mio. Schafen

Beide Hauptinseln trennt nicht nur die Meerenge Cook Strait. Welten liegen zwischen dem reicheren, dichter besiedelten Norden und dem wirtschaftlich schwachen, aber landschaftlich reizvolleren Süden. Auch die Metropole Auckland, in der statistisch fast jeder vierte Neuseeländer

Wo Politiker emsig sind: Wellingtons „Beehive" mit angrenzendem Parlamentsgebäude

wohnt, befindet sich auf der Nordinsel. Ebenso wie die Hauptstadt Wellington, wenn auch am äußersten Südzipfel. Da kann die Südinsel mit ihren verträumten, etwas altbackenen Großstädten Dunedin und Christchurch nur schwer dagegenhalten.

Rein geologisch ist Neuseeland noch ein „Newcomer", ragt praktisch erst seit 100 Mio. Jahren aus dem Meer heraus. Zum Vergleich: Die Erde ist vor ca. 4,7 Mrd. Jahren entstanden. Achten Sie auf die überwiegend scharf eingeschnittenen Kerbtäler und die starken Gefälle der meist in Schluchten dahinbrausenden Flussläufe. Das sind Oberflächenformen eines erdgeschichtlich jungen Landes, in dem die Erosion noch mehr in die Tiefe als in die Breite arbeitet. Dass es im Inneren ab und an ganz ungestüm bebt, hat mit der Erdbebenzone zu tun, in der Neuseeland liegt. Besonders gefährdete Regionen wie Wellington

dürfen nur mit erdbebensicheren Häusern bebaut werden. 1931 vernichteten Erdstöße die Städte Napier und Hastings, mehr als 250 Menschen kamen bei der Katastrophe ums Leben. Dass im Erdinneren noch allerhand los ist, zeigt sich vielerorts auch an der Oberfläche. Weiträumige Thermalgebiete in und um Rotorua brodeln vor sich hin, und auf der Coromandel-Halbinsel sprudelt heißes Wasser sogar aus dem Sand eines Meeresstrandes. Der Vulkan Tarawera bei Rotorua brach 1886 zuletzt aus und verschüttete ein ganzes Dorf – heute als „Buried Village" ein Freilichtmuseum.

> **Ein beschauliches Stück Erde am Ende der Welt**

Dabei ist Neuseeland eher ein beschauliches Stückchen Erde. Es gibt keine wilden, gefährlichen Tiere: Den Urwald können Sie hier so sicher durchwandern wie anderswo öffentliche Parks am Sonntagnachmittag. In den Großstädten hat zwar die Kriminalität in den letzten Jahren zugenommen, verglichen jedoch mit dem Rest der Welt, herrscht in Neuseeland noch ein bisschen heile Welt.

Die meisten Touristen, die aus aller Herren Länder kommen, erwarten in Neuseeland weder Großstädte noch viel Kultur oder reiche Historie, sondern das Naturparadies auf Erden – und sie werden selten enttäuscht. Wo gibt's das noch? Weiße, breite Sandstrände im Südsee-Look, auf denen man ganz allein träumen kann, ein üppig grünes und blühendes Vegetationsgemisch, aufregende Wander-

WAS WAR WANN?

ca. 925 Kupe, ein berühmter polynesischer Navigator, erreicht nach der Maori-Überlieferung die Inseln. Wissenschaftler weisen aber nach, dass eine erste Besiedlung erst 1280–1300 n. Chr. begonnen hatte. In diesem Zeitraum erreichten Polynesier (Maori) in großen Kanus Aotearoa, das „Land der langen weißen Wolke". Sie kamen aus dem sagenhaften Hawaiki, dessen genaue Lage bis heute unbekannt ist.

1642 Abel Janzoon Tasman annektiert Neuseeland als „Staten Land" für Holland. „Nieuw Zeeland" wird es später genannt.

1769 Am 9. Okt. landet James Cook in der Nähe des heutigen Gisborne und nimmt die Inseln für König George III. in Besitz.

1840 Am 6. Feb. wird der „Treaty of Waitangi" zwischen Pakehas (Weißen) und Maori unterzeichnet, in dem die Maori die britische Souveränität akzeptieren, gleichzeitig die Privilegien britischer Bürger erhalten. Zu diesem Zeitpunkt kauft die „New Zealand Company" Maori-Land auf, um es an englische Siedler zu veräußern – bis heute Streitpunkt.

1947 Neuseeland erlangt seine Unabhängigkeit von Großbritannien, bleibt aber Mitglied im Commonwealth.

1985 Die Labour-Regierung erklärt das Land zur ersten atomwaffenfreien Zone der Welt.

2008 Sir Edmund Hillary, 1953 erster Mount Everest-Bezwinger und Nationalheld, stirbt im Alter von 88 Jahren in Auckland an einem Herzinfarkt.

strecken, die in die zivilisationsfernen Hochgebirgsregionen der Südalpen führen, und glückliche Vögel, deren Gezwitscher alle Ornithologen begeistert und die zum Teil mangels Feinden sogar das Fliegen verlernt haben. Die Küstengewässer der Tasman Sea im Westen und des Pazifiks im Osten verschmutzte noch keine Ölpest. Allerdings haben die zahlreichen Meerestiere im Südpazifik eifrige Hochseefischer zu fürchten.

Frühling, Sommer, Herbst und Winter – Neuseeland lebt in Jahreszeiten. Im Juli erobern die Skifahrer die schneesicheren Hänge der Südalpen um Queenstown und Wanaka. Angenehm sind die Temperaturen dann immer noch im subtropischen Norden der Nordinsel. Und im Sommer, um Weihnachten und Neujahr, ist Hochsaison. Dann zieht es den Kiwi mit Kind und Kegel, Holzkohlegrill, Boot und Angel ans Wasser. Möglichst auf einen küstennahen Campingplatz. Landschaftlich reizvolle Küstenabschnitte verwandeln sich flugs in Zeltgrundstücke – wenn sie nicht schon mit Ferienhäusern besiedelt sind.

Zweite Leidenschaft der Neuseeländer: Sie hegen und pflegen ihre junge Geschichte. Ein 150 Jahre altes Haus lockt staunende, sogar Eintritt zahlende Besucher an. Lassen Sie sich nicht von der Bezeichnung „Museum" täuschen. Ab und an steckt dahinter lediglich eine Rumpelkammer mit allerhand Gerätschaften, die genau genommen auf den Sperrmüll gehören. Andererseits zeichnet so manche Sammlung in der brüchigen Scheune die Liebe zum Detail aus.

1999 brachte der Wahlsieg der von Helen Clark geführten Labour Party die politische Wende. Die Gleichberechtigung der Maori ist gesetzlich verankert und der Interessenwahrnehmung der Maori wird große Bedeutung beigemessen – vor allem

Lang ist es her, dass Neuseeland zu den reichsten Nationen der Erde zählte. Heute liegt das Durchschnittseinkommen eines Arbeitnehmers jährlich bei umgerechnet etwa 17 000 Euro. Etliche Neuseeländer müssen ihr Einkommen mit Nebenjobs auf-

Schäfchen zählen für Fortgeschrittene: Auf jeden Neuseeländer kommen 9,3 wollige Tiere

von der inzwischen abgewählten Labour Party als auch von der konservativen National Party, die u.a. mit

> Ein noch immer intaktes Naturparadies

Unterstützung von Maori-Vertretern die Regierung seit Ende 2008 stellt. Dennoch sind sie bei den Sozialhilfeempfängern und Arbeitslosen noch immer überproportional vertreten.

bessern. Umso bewundernswerter, wie die Kiwis den Alltag meistern: mit viel Mut zum Improvisieren und einem Naturparadies gleich vor der Haustür.

Die intakte Natur ist zugleich die Trumpfkarte der Neuseeländer. Fast 2 Mio. Touristen entdecken die Nord- und Südinsel am Ende der Welt pro Jahr: per Auto oder Wohnmobil, mit dem Mountainbike oder zu Fuß. Sie sind herzlich eingeladen!

▶▶ TREND GUIDE NEUSEELAND

Die heißesten Entdeckungen und Hotspots! Unser Szene-Scout zeigt Ihnen, was angesagt ist

William Stewart

Der 27-Jährige lebt und arbeitet in seiner Heimat als Kommunikationswirt. Als Maori vom Stamm der Ngati Awa fühlt er sich der neuseeländischen Kultur besonders tief verbunden. Am liebsten taucht unser Szene-Scout in der Bay of Plenty ab, einer Region, die für ihren alternativen Lifestyle bekannt ist. Dort holt er sich beim Streifzug durch Galerien und Ateliers der Region seinen kreativen Input.

▶▶ MIT NADEL UND FADEN

Von exzentrisch bis elegant – Mode aus Neuseeland

Jungdesigner wie Karen Walker verbinden in ihren Entwürfen Stilelemente aus verschiedenen Jahrzehnten: Die Hippie-Schlaghose wird mit edlen Rüschenblusen kombiniert und enge Kleidchen mit weiten 1990er-Jahre-Jackets *(Shop: 126 Wakefield St., Wellington, www.karenwalker.com)*. Exzentrisch gibt sich auch das Label *Lonely Hearts Club*: Outfits mit riesigen Karos und 1980er-Jahre-Anleihen sind perfekt für alle Modebegeisterten *(10 O'Connel St., Auckland, www.lonelyheartsclub.co.nz)*. Trelise Cooper steht für großes Kino. Verspielte 1950er-Jahre-Schnitte mit zeitgenössischem Touch shoppt man im *Trelise Cooper Outlet Store (100 Richmond Rd., Ponsonby, www.trelisecooper.com,* Foto).

SZENE

▶▶ UNGEWÖHNLICHE HOTELS

Schlafen ist Nebensache

Ein Bett im Kornfeld war gestern, heute schläft man in einem umgebauten Flugzeug, einem kuscheligen Planwagen oder einem überdimensionalen Schuh. Im *Woodlyn Park* stehen u. a. zwei außergewöhnliche Hotels – eine Propellermaschine, das *Plane Motel*, und unterirdische Höhlen, die an Tolkiens „Herr der Ringe" erinnern. Daher auch der Name: *Hobbit Motel (1177 Waitomo Valley Rd., RD7, Otorohanga, www.woodlynpark.co.nz,* Foto*)*. Nicht weniger außergewöhnlich ist das Hotel *The Boot* in der Region Tasman – das Gebäude hat die Form eines überdimensionalen Schuhs *(Jester House,Coastal Highway, www.theboot.co.nz)*. Auf Wild-West-Atmosphäre setzt *The Wagon Stays* in Christchurch. Auf einem Areal stehen einige Planwagen, die zu Miniapartments umgebaut wurden *(700 Cashmere Rd., www.wagonstays.co.nz)*.

▶▶ COMIC-HELDEN

Kunstvolle Strips

Comiczeichner mit politschen Themen und abseits des Mainstreams etablieren sich immer mehr in Neuseeland. So bietet z. B. der Verlag *Cherry Bomb Comics* Bildergeschichten an, in denen die Zeichner persönliche Themen verarbeitet haben *(Newton, Auckland 1145, www.cherrybombcomics.co.nz)*. Einer der besten Künstler der Comicszene ist Ant Sang. Er stellt in Galerien aus und seine *Dharma Punks*-Reihe wurde mehrfach ausgezeichnet. Sein Studio ist weniger kreatives Chaos als spartanisches Zentrum der Ruhe *(www.antsang.co.nz,* Foto*)*. Könner

Nummer zwei: Mathew Tait aus Christchurch. Seine Schwarz-Weiß-Strips erinnern an Holzschnitte *(www.mattait.com)*. Gleichgesinnte trifft man im *Comics Compulsion (181 Manchester St., Christchurch, www.comicscompulsion.co.nz)*, denn in diesem Shop warten seltene Comic-Exemplare auf Fans und Sammler mit dem richtigen Know-how.

▶▶ ABGEHOBEN

Drachen im Schnee

Der neue Kick im Pulverschnee: Snowkiten. Dabei bewegt man sich halb fliegend, halb gleitend über die Pisten. Das Who is Who der Snowkiter trifft sich beim alljährlichen *Wanakite Snowkiting Freeride* im *Snow Farm*-Wintersportgebiet *(Cardrona Valley Rd., RD1, Cardrona Valley, Wanaka, www.snowfarmnz.com)*. Wer noch kein Profi ist, lernt gleich vor Ort die Kite-Basics, z.B. in einem Kurs der *Boarder Patrol Snowkite School (www.boarderpatrol.com.au)* oder bei *Kiteaddicts*. Die *International Kiteboarding Organisation* und Kiteschule sitzt in Auckland und gibt Tipps zu den besten Gebieten und Shops *(Kurse buchbar über www.kiteaddicts.com)*. Einer davon ist *Kitesports (950b Ferry Rd., Ferrymead, Christchurch, www.kitesports.co.nz*, Foto).

▶▶ GÄNSEHAUTGEFÜHL

Stimmen unplugged

Die Singer und Songwriter sind wieder da. Während des Siegeszuges von Elektro, Clubmusik und Co. haben sie sich zurück auf die Livebühnen gesungen und schlagen jetzt ruhigere Töne an. Vorreiterin des Trends ist Flip Grater *(www.myspace.com/flipgrater*, Foto), Künstlerin, Multitalent und Querdenkerin. Sie tourt mit ihrem sanften Akustik-Folk durchs Land und sammelt unterwegs die leckersten Rezepte für ihr Kochbuch. Ihre Vorbilder? PJ Harvey, Tom Waits und Johnny Cash. Lässiger geht es kaum: Meine Gitarre und Ich – Daniel Munro aus Auckland bildet zusammen mit seinem Instrument eine Einheit auf der Bühne und bringt so die Herzen seiner Fans zum Schmelzen *(www.danielmunro.com)*. Genau wie Chanelle Davis, deren weicher Sound von den Texten unterstrichen wird *(www.chanelledavis.com)*. Neugierig? Livemusik-Sessions gibt's im *The San Francisco Bath House (171 Cuba St., Wellington, www.sfbh.co.nz)*.

▶▶ UNGESTÖRT

Dinner im Séparée

Die Private Dining Rooms stehlen den Restaurants die Show. Abgeschirmt von der Öffentlichkeit verbreiten sie einen Hauch von Luxus. Besitzer Geoff Scott sorgt im *Vinnie's* für den perfekten Service. Im *Kahikatea Room* – dem privaten Dining-Raum des Restaurants – kredenzt er in edlem Ambiente feinste Speisen *(166 Jervois Rd., Herne Bay, Auckland, www.vinnies.co.nz)*. Besonders schick ist die *Rare Wine Library* des *Bracu Restaurant*. Wer unter sich bleiben will, mietet den Kronleuchterraum *(49 Main Rd., Bombay, Auckland, www.simuolive.co.nz,* Foto). Kuschelig: das *Lover's Loft* in *The Hunting Lodge* mit Blick auf Weingärten *(Waikoukou Valley Rd., Waimauku, RD2, www.thehuntinglodge.co.nz)*.

▶▶ SHAKE IT, BABY!

Heißes Workout

Mit Hip-Hot-Latino halten sich viele Neuseeländer fit. Der Mix aus Salsa, Flamenco, Calypso und Hip-Hop heizt so richtig ein. Mit den Trainern von *Born to Dance* geht es zu heißen Moves rund *(z. B. Footwork Studio, Commerce St., Hamilton und i*m *Leamington Rugby Club, Carlyle St., Leamington, Cambridge, www.borntodance.co.nz)*. Das verrückte Workout gibt's ebenfalls bei *City Dance* in Auckland. Hier werden Mambo, Merengue, Egyptian Moovess, Lambada und Brazilian Samba wild drauflos kombiniert *(260 Queen St., www.citydance.co.nz)*.

▶▶ GESCHMACKVOLL

Zischen mit Stil

Die neuen Biere schmecken jetzt nach Passionsfrucht, Honig, Koriander oder Zitrone. Brauereien wie die *Invercargill Brewery* entdecken diese Zutaten gerade für ihre Biere *(8 Wood St., Invercargill, www.invercargillbrewery.co.nz)*. Think global – drink local ist das Motto der *Three Boys Brewery*, die u. a. mit Zitronenschale braut *(Christchurch, www.threeboysbrewery.co.nz)*. Die *Renaissance Brewery* ist der Award-Abräumer. Sie hat nicht nur haufenweise Preise für ihre Ales bekommen, sondern auch für die Verpackung. Biergenuss auf die stylishe Art *(1 Dodson Street, Blenheim, www.renaissancebrewing.co.nz,* Foto*)*.

EINWANDERER

Seit jeher haben Einwanderer die einst menschenleeren neuseeländischen Inseln bevölkert. Erst nur Maori, später Immigranten aus der ganzen Welt, die meisten aus Großbritannien und Irland. Heute sind knapp 75 Prozent der Neuseeländer europäischer Abstammung, Tendenz sinkend. Dafür nimmt der Anteil asiatischer Volksgruppen rapide zu: Bereits über zehn Prozent stammen aus Asien, das sind 35 Prozent mehr, als aus dem Pazifikraum (Südsee-Inseln) kommen. Neuseeland würde gern als Schmelztiegel der Kulturen funktionieren, doch vor allem die Chinesen und Koreaner tun sich schwer mit der Integration.

FAUNA

Obwohl ziemlich hässlich, halb blind und struppig, ist der Brown Kiwi der

Bild: Wharariki Beach bei Farewell Spit

STICH WORTE

am meisten umsorgte Vogel Neuseelands. Er ist eine von insgesamt fünf Vogelarten, die das Fliegen mangels Feinden verlernt haben, und steht, obwohl nicht mehr vom Aussterben bedroht, unter Naturschutz. Wie auch der blaugrüne Takahe (vergleichbar mit unserem Teichhuhn) und der Eulenpapagei Kakapo. Viele der hier vorkommenden 250 Vogelarten gibt es nur in Neuseeland, wie den Tui und den Kea. Letzterer ist zweifellos der frechste Vogel, ein grüner Bergpapagei mit einem scharfen Schnabel, der überhaupt keinen Respekt vor Gummidichtungen an Autotüren oder vor Scheibenwischerblättern hat. Während die Moas (Riesenlaufvögel) ausgestorben sind, haben sich eingeführte Tiere wie Rotwild, Wiesel und Possum mangels natürlicher Feinde zu stark vermehrt. Also werden sie gejagt, besonders das Blumenbeete leer fressende Possum.

Die Küstengewässer sind reich an großen und kleinen Fischen. Saisonbedingt tauchen riesige Wale auf. Die Binnengewässer sind voller Leben, zum Teil reich gesegnet mit schillernden Regenbogenforellen. Zwei Fledermausarten sind die einzigen heimischen Landsäugetiere. Außerdem gibt es in Neuseeland noch eine der ältesten Tierarten der Welt: Seit 200 Mio. Jahren bevölkert die Gattung der Brückenechse, Tuatara, die Erde.

FLORA

Welche Vielfalt unterschiedlicher Farne die Natur hervorgebracht hat, zeigt sich im neuseeländischen Busch, einem dicht verschlungenen Urwald in subtropisch-gemäßigtem Klima. Fast 200 verschiedene Arten Farn gibt es, einige werden bis zu 15 m hoch, manche bringen es auf eine Blattlänge von 3 m. Mitte des 18. Jhs. waren noch zwei Drittel des Landes mit dichten Wäldern überzo-

gen, heute ist es weniger als ein Drittel. Die unter Naturschutz stehenden Kauri-Bäume gehören in den Wäldern Neuseelands heute zu den Raritäten. Schneller machen sich eingeführte Baumarten, z. B. Pinien, breit, zum Nachteil der ursprünglich beheimateten Baumarten wie Rata oder Pohutukawa, dem neuseeländischen Weihnachtsbaum, der Ende Dezember mit seinen knallroten Blüten für die richtige Feststimmung sorgt.

GEOLOGIE

Vor etwa 230 Mio. Jahren, als Australien schon eine Landmasse für sich war, lag Neuseeland noch unter der Meeresoberfläche. Mehr als 100 Mio. Jahre mussten noch vergehen, bis im Zuge vulkanischer Tätigkeit und tektonischer Erdbewegungen Neuseeland auftauchte. Eiszeitliche Gletscher formten die Oberfläche und haben sichtbare Spuren hinterlassen: Fjorde, lang gezogene Seen und Moränen-

Die mit dem Blubb: geothermische Felder gibt es vielerorts, zum Beispiel in Whakarewarewa

landschaften. Vulkanische und thermische Aktivitäten prägen und verändern noch heute das Landschaftsbild. Drei Viertel der Landfläche liegen mehr als 200 m über dem Meeresspiegel, über 3000 m erheben sich die Gipfel der Südinsel.

LANDWIRTSCHAFT

Neuseeland wird häufig als die größte Farm der Welt bezeichnet. Rund 170 000 km^2 (von 268 000 km^2 Gesamtfläche) werden landwirtschaftlich genutzt zum Anbau von Kulturpflanzen und als Weideland für Rinder, Schafe und Rotwild. Einige der 27 000 Schaffarmer sind zweifellos Großgrundbesitzer, die ihre meist weit abgelegenen Ländereien nicht mehr zu Fuß abgehen können. Seit den 1960er-Jahren wird Wildfleisch nach Europa exportiert und auf den ersten Farmen Rotwild gezüchtet. Inzwischen gibt es rund 4000 Wildfarmen mit insgesamt 1,8 Mio. Tieren. Ein anderer Exportschlager ist das Obst. Als Vorzeigefrucht muss *The world's finest kiwifruit* herhalten, obwohl viele Farmer nicht den erhofften Profit erzielen. Anbau, Ernte und Versand der empfindlichen Kiwis sind arbeits- und kostenintensiv. Neuseeländische Apfelbauern profitieren von den verschobenen Jahreszeiten: Im europäischen Winter und Frühling können sie die Obstregale der Supermärkte mit erntefrischen Äpfeln füllen.

MAORI

Rund 620 000 Menschen in Neuseeland bezeichnen sich als Maori. Woher die Polynesier genau kamen, da-

mals vor über tausend Jahren, weiß keiner. Sie selbst behaupten, aus *Hawaiki*, einem Land, das so rätselhaft ist wie Atlantis, vermutlich aber im Bereich Französisch-Polynesiens liegt (Insel Raiatea). Die einfachen, schlanken Holzkanus mussten Tausende von Kilometern wilden Ozeans hinter sich bringen, bis sie am Schluss ihrer Expedition *Aotearoa* fanden, das „Land der langen weißen Wolke", wie Neuseeland in der bildhaften Sprache der Maori genannt wird. Der *Iwi*, der Stamm, war die größte Einheit, die die Maoris zu dieser Zeit kannten. Er wurde geleitet von einem Häuptling, dem *Ariki*, der allerdings Entscheidungen nicht allein traf. Auf den Dorfplätzen, den *Marae*, wurden Versammlungen abgehalten, bei denen jedes Familienoberhaupt seine Meinung kundtun konnte. Zwischen den Stämmen bestanden Handelsbeziehungen.

Über 500 Maori-Stämme teilten sich im 19. Jh. Nord- und Südinsel. Mit der Besiedlung Neuseelands durch die Weißen wurden Unzählige allein durch eingeschleppte Krankheiten dahingerafft. Als am 6. Februar 1840 der Vertrag von Waitangi geschlossen wurde, der den Maori die Privilegien britischer Bürger zusicherte und – zumindest auf dem Papier – ihre Landrechte schützte, lebten 100 000 Maori, aber nur etwa 1000 europäische Siedler in Neuseeland. 18 Jahre später waren die Weißen bereits in der Überzahl. Aggressive Siedlerpolitik, aber auch Uneinigkeit der Maori-Stämme machten den im kolonialen Zeitalter sicherlich recht fortschrittlichen Vertrag zunichte. Seit Jahrzehnten schon leben

Maori und *Pakeha* (die Weißen) harmonisch nebeneinander, aber nicht unbedingt miteinander. Die weißen und die dunkelhäutigen Neuseeländer blieben in vielen Punkten ein Volk fremder Nachbarn, obwohl es offizielle Rassenschranken oder Diskriminierungen bis heute nicht gibt. Trotzdem sind die Maori gegenüber der weißen Bevölkerung in vielen Bereichen benachteiligt: Sie stellen einen großen Teil der Arbeitslosen und Sozialhilfeempfänger. Bei den Maori wird der Ruf nach zwei Völkern in einer Nation immer lauter. Ein großer Teil der jüngeren Generation bemüht sich allerdings mit Unterstützung des Staates um ein neues polynesisches Selbstbewusstsein, *Maoritanga* genannt. Sprache und Kultur werden wiederbelebt, doch nur ein Fünftel der Maori ist der Maori-Sprache mächtig.

Das Streben nach Besitz und Konkurrenzdenken sind den Maori noch immer fremd. Ansonsten unterscheidet sich ihre Lebensform kaum noch von der der weißen Bevölkerung Neuseelands.

NATIONALPARKS

Die 14 Nationalparks Neuseelands nehmen mit fast 30 000 km² zehn Prozent der Gesamtfläche ein. Hinzu kommen noch drei Maritime Parks an der Küste und andere Schutzgebiete, sodass insgesamt 35 Prozent der Landesfläche unter Naturschutz stehen. Nur Wanderer dürfen auf unterschiedlich langen und schwierigen Tracks tief in die abgeschiedene Natur eindringen, vorausgesetzt, sie lassen nichts zurück außer Fußspuren.

POLITIK

Die meisten Kiwis sind längst nicht mehr königstreu, doch die wenigsten geben es zu. Also bleibt der Staat bis auf Weiteres Mitglied des Commonwealth mit der englischen Königin als Oberhaupt. Damit kein Zweifel aufkommt: Neuseeland regiert sich als souveräner, also unabhängiger Staat ganz allein. Mit der Parlamentswahl im November 2008 musste Premierministerin Helen Clark *(Labour Party)* nach neun Jahren die Regierungsgeschäfte an den konservativen John Key *(National Party)* abgeben. Key bildete eine Mitte-Rechts-Regierung unter anderem mit den Stimmen der Maori-Partei. Zur Wahl treten jedes Mal mehr als ein Dutzend Parteien an. Wenn ganz wichtige Entscheidungen anstehen, werden auch mal Volksabstimmungen abgehalten.

UMWELTSCHUTZ

Im Naturparadies Neuseeland sind Umweltsünden leider an der Tagesordnung: Zu viele offene Kaminfeuer und zu viele alte Autos verschmutzen die Luft, zu viele Vorgärten, Parks und Rasenflächen verschwenden in heißen Sommern die Wasserreserven, und die meisten Häuser werden immer noch so gebaut, als sei Energieeinsparung durch Wärmedämmung purer Luxus. Alle wissen, dass es so nicht weiter geht. Doch bis auch der letzte Kiwi vom Umweltschutz überzeugt ist und seine Gartenabfälle nicht mehr im Freien verbrennt, wird noch Zeit ins Land gehen. Zumindest gibt die Regierung mit einem umfassenden Katalog an Vorschriften und Sanktionen den richtigen Weg vor. Selbst Supermarktbetreiber haben inzwischen ein Einsehen und schaffen nach und nach die kostenlose Plastikeinkaufstüte ab.

> DAS KLIMA IM BLICK

Handeln statt reden

Reisen bereichert und verbindet Menschen und Kulturen. Jedoch: Wer reist, erzeugt auch CO$_2$. Dabei trägt der Flugverkehr mit bis zu 10 % zur globalen Erwärmung bei. Wer das Klima schützen will, sollte sich somit nach Möglichkeit für die schonendere Reiseform (wie z.B. die Bahn) entscheiden. Wenn keine Alternative zum Fliegen besteht, so kann man mit *atmosfair* handeln und klimafördernde Projekte unterstützen.

atmosfair ist eine gemeinnützige Klimaschutzorganisation.

Die Idee: Flugpassagiere spenden einen kilometerabhängigen Beitrag für die von ihnen verursachten Emissionen und finanzieren damit Projekte in Entwicklungsländern, die dort helfen den Ausstoß von Klimagasen zu verringern. Dazu berechnet man mit dem Emissionsrechner auf *www.atmosfair.de* wie viel CO$_2$ der Flug produziert und was es kostet, eine vergleichbare Menge Klimagase einzusparen (z.B. Berlin–London–Berlin: ca. 13 Euro). *atmosfair* garantiert, unter der Schirmherrschaft von Klaus Töpfer, die sorgfältige Verwendung Ihres Beitrags. Auch der MairDumont Verlag fliegt mit *atmosfair*.

Unterstützen auch Sie den Klimaschutz: *www.atmosfair.de*

SCHAFE SCHEREN, WÜRMER ESSEN

Neuseeländer feiern ausgelassen, gern sportlich und am liebsten draußen – Picknick und einen Hauch von Exzentrik inbegriffen

> *Down under* wird ein Feiertag, der auf einen Sonntag fällt, am Montag darauf nachgefeiert. Ein echter Kiwi weiß zu feiern, was die Feste hergeben. Und davon gibt es reichlich: ob in Sportverein oder Nachbarschaft, beim Wohltätigkeits- oder Schulfest, bei Barbecue oder *potluck dinner,* zu dem jeder Gast etwas zu essen mitbringt. Spätestens am Labour Weekend im Frühling trifft man sich zu Festen und Veranstaltungen draußen. Dann hält die sportverrückten Neuseeländer einfach nichts mehr im Haus.

■ GESETZLICHE FEIERTAGE ■

1. Jan. *(New Year);* **6. Feb.** *(Waitangi Day);* **März/April** Karfreitag *(Good Friday);* Ostermontag*;* **25. April** *ANZAC Day:* Gedenktag für die Opfer und Veteranen der Kriege*;* **1. Montag im Juni** *Geburtstag der englischen Königin* (den sie privat zwei Monate vorher feiert)*;* **4. Montag im Oktober** *Tag der Arbeit (Labour Weekend);* **25. Dez.** 1. Weihnachtstag *(Christmas Day);* **26. Dez.** 2. Weihnachtstag *(Boxing Day)*

■ FESTE UND VERANSTALTUNGEN ■

Januar

Buskers Festival: Gaukler aus aller Welt bieten in Christchurch zehn Tage lang kostenloses Straßentheater *(www.world buskersfestival.com).*

Glenorchy Races: Bei Pferderennen und Rodeo vor traumhaft schöner Bergkulisse am entlegenen Nordende des Lake Wakatipu sind die Farmer aus der Umgebung schon lange nicht mehr nur unter sich. Ein deftiges Volksfest, zu dem Sie am besten Ihr eigenes Picknick mitbringen (erstes Wochenende im Januar)

Februar

Speights Coast to Coast Triathlon: 238 km quer über die Südinsel: Laufen, Rad- und Kajakfahren. Zum Finish in Christchurch gibt's eine Strandparty im Vorort Sumner (Mitte Feb.).

Marlborough Wine and Food Festival: Das älteste der vielen kulinarischen Festivals zählt nach wie vor zu den besten und beliebtesten. Allerdings werden

Aktuelle Events weltweit auf www.marcopolo.de/events

> EVENTS
FESTE & MEHR

nicht mehr als 12 000 Besucher zugelassen. Deshalb sollten Sie Tickets *(Tel. 03/ 577 89 77)* reservieren (Ende Feb.).

Art-déco-Festival: Jedes Jahr aufs Neue schwelgt Napier am dritten Februar-Wochenende im Stil der Goldenen Zwanziger – ein farbenprächtiges Straßenfest mit viel Musik und tollen Kostümen.

März

Wildfood Festival: Der wein- und bierseliger Jahrmarkt der Köstlichkeiten lockt am zweiten Wochenende Zigtausende ins kleine Hokitika. Und die berüchtigte „wild coast" hätte ihren Namen nicht verdient, würden nicht auch „wilde" Sachen wie gegrillte Würmer aufgetischt.

Championship Golden Shears: In Masterton messen sich Anfang März um die 400 Teilnehmer im Schafescheren.

New Zealand International Festival of Arts: 3 Wochen lang währt das hochkarätig besetzte Kulturspektakel aus Theater, Musik und Tanz, das alle zwei Jahre in Wellington stattfindet (in geraden Jahren).

April

Arrowtown Autumn Festival: Mitte des Monats, wenn der Herbst die Blätter färbt, erblüht das Goldgräberstädtchen nahe Queenstown zu alter Pracht. Höhepunkt ist der nostalgische Umzug in historischen Kostümen.

Juni/Juli

Winter Festival: Viel Pulver(schnee) wird verschossen, wenn Queenstown mit Trickski-Shows, Symphoniekonzerten im Schnee und Skulpturen aus Eis die Wintersportsaison eröffnet.

Matariki: Eine Art Erntedank- und Neujahrsfest der Maori mit vielen Veranstaltungen *(www.matarikifestival.org.nz)*

November

Rhododendron Festival: Über 100 private und öffentliche Gärten in und um New Plymouth präsentieren zwei Wochen lang ihre Blütenpracht. Insbesondere der *Pukeiti Rhododendron Garden (2290 Carrington Rd., 20 km südwestl. der Stadt)* lohnt den Besuch.

Insider Tipp

Insider Tipp

Insider Tipp

> HEIMISCHE KÖSTLICHKEITEN ...

... wie Langusten, Bluff Oysters und feine Lammgerichte
stehen auf dem neuseeländischen Speiseplan.
In aller Stille hat man dazugelernt

> **Lange genug haben die Briten in den Töpfen gerührt. Zum Leidwesen vieler Gourmets, die noch in den 1980er-Jahren allen Grund hatten, die neuseeländische Variante der verrufenen englischen Kochkunst zu verfluchen. Heute gehören zu Ledersohlen verbratene Steaks der Vergangenheit an.**

Die neuseeländische Küche hat in den letzten Jahren reichlich Geschmack bekommen, nicht zuletzt dank der Entwicklungshilfe zahlreicher ausländischer Küchenchefs. Die heimischen Grundnahrungsmittel sind von hervorragender Qualität. Was lässt sich nicht alles aus zartem Lammfleisch kreieren?

Rindfleisch wird oft und gerne als Steak verspeist: Filet, Rump- und *sirloin steak* unterscheiden sich in Zartheit und Preis. Besonders saftig bleibt das marmorierte *rib eye filet.* Die tellergroßen T-Bone-Steaks eignen sich für den Bärenhunger. *Veni-*

ESSEN & TRINKEN

son ist Fleisch vom neuseeländischen Wild, das, ob Reh oder Hirsch, fast zahm hinter den Zäunen von Farmen gehalten wird. Und tatsächlich fehlt den Fleischgerichten deshalb auch der typische Wildgeschmack. Ganz wild sind die Neuseeländer auf *chicken,* ob als gebratene Hühnerbrust oder panierte Hähnchenschenkel. Um die Mittagszeit füllt *chicken,* gut sortiert, die Vitrinen der Selbstbedienungstheken in kleinen Imbissen und

Coffee Shops. Im Angebot auch phantasievoll zubereitete Häppchen wie Sandwiches, *rolls* (Brötchen) und *pies* (kleine herzhafte Kuchen).

Morgens gibt's nur eines: *English Breakfast,* das Frühstück zum Sattwerden mit Eiern und Schinken, Würstchen und/oder Fisch und *hash browns,* knusprigen, kleinen Bratkartoffeln. Mittags *(lunch)* isst man kalt, und zwar – mit allerhand Grünzeug und Sprossen – gesund! Viele Neuseeländer sind wahre Gesundheitsfanatiker.

Einwanderer aus aller Herren Länder haben die gastronomische Vielfalt vergrößert: Kleine, feine chinesische Restaurants findet man fast überall; die Italiener wagen sich inzwischen mit mehr auf den Tisch als Lasagne und Cannelloni; französisch kochen in der Regel die Gourmettempel; den zahlreichen japanischen Touristen huldigen vor allem Sushibars mit ihren rohen Fischhappen.

In den Fischgeschäften liegen *blue cod* (Kabeljau), *red snapper* oder heimischer *hoki* kopflos und schon file-

Genießen Sie die typisch neuseeländische Küche!

afternoon tea – nachmittägliche Teepause, zu der süße Brötchen *(scone)* mit Marmelade und Sahne gereicht werden

blt – Speck *(bacon)*, Salat *(lettuce)* und Tomate *(tomato)* verbergen sich hinter der populären Abkürzung, mit der Hamburger garniert werden oder die für entsprechend belegte Sandwichs steht

latte – populärer Milchkaffee (ein Drittel Espresso, aufgefüllt mit zwei Drittel heiß aufgeschäumter Milch), den es oft in Pappbechern „to go" gibt (Foto)

muffin – warmes Gebäck für zwischendurch, entweder herzhaft-würzig oder fruchtig-süß, dazu ein Klecks Butter (Foto)

mussel patty – in Panade gebackene Grünschalenmuscheln

oaky – Bezeichnung für Weine, die in kleinen Eichenfässern gereift sind. Vergleichbar mit Barriqueweinen aus Europa

oysters kilpatrick – mit Speckwürfeln überbackene Austern

pavlova – zuckersüßes Dessert, das dem steifen Tutu der gleichnamigen russischen Primaballerina ähnelt

pumpkin – ohne Kürbis brodelt im Spätsommer und Herbst kaum eine Suppenküche in Neuseeland. Doch er schmeckt jedes Mal anders, dank unterschiedlichster Rezepte aus Ost und West

sandwich – der traditionell englische Imbiss hat *down under* die Phantasie angeregt und wird heute mit (fast) allem belegt, was zwischen zwei Weißbrotscheiben passt – gerne getoastet und diagonal in handgerechte Happen geschnitten

seafood chowder – helle, sämige Meeresfrüchtesuppe zum Sattwerden

silverbeet – Mangold, schon lange von den Maori angebaut

steak & kidney pie – mit Hackfleisch und Nierenklein gefüllte Pastete, mehr ein deftiger Snack auf die Hand als ein Gaumenkitzler für Gourmets

tuatua fritters – bei den Maori beliebtes frittiertes Muschelgericht, das heute nur noch selten auf den Speisekarten zu finden ist

tiert aus. Derart präpariert, schwimmen sie hier auch schnell im Frittierfett und landen anschließend mit Pommes frites in einer Papiertüte, wenn Fish & Chips als *take away* (zum Mitnehmen) bestellt wurden.

1 kg Pazifikaustern im Plastikschälchen ist bei einer *Oyster Farm* in der Bay of Islands für rund 9 Euro zu haben. Die *Bluff oysters*, benannt nach der Stadt auf der Südinsel, gibt's meist nur Ende März bis August. Noch günstiger, in der Plastiktüte, sind *greenshell mussels* (oder auch *green lipped mussels* – Grünlippenmuscheln), ähnlich den Miesmuscheln, nur fast doppelt so groß. Schalenlos, haltbar geräuchert und unterschiedlich gewürzt, stillen die Muscheln den kleinen Hunger zwischendurch. Auch mit kleinem Geldbeutel muss man nicht auf Langusten *(crayfish)* verzichten. Meist werden die Tiere knallrot, weil schon gekocht und damit verzehrbereit, in unterschiedlichen Größen verkauft. Gute Adressen sind die kleinen Verkaufsstände um Kaikoura sowie in Whitianga (Coromandel-Halbinsel). Wenn die Neuseeländer kleine Fische backen, packen sie *white bait,* winzige, ganz junge, durchsichtige Hechtlinge, in der Pfanne in ein Omelett ein – ein eher fade schmeckendes Gericht.

Praktisch von der Hand in den Mund ernährt man sich aus dem reichlich gefüllten Obstkorb Neuseelands. Neben verschiedenen Apfel- und Birnensorten locken *nashis,* eine saftige Kreuzung von Birne und Apfel, und die hier preiswerten Avocados und Kiwis. Appetit auf einen süßen Erdapfel? Die *kumara,* die Süßkartoffel, wurde schon von den alten

Maori im Erdofen zubereitet. Eine Garmethode, die für Touristen beim *Hangi* in Rotorua regelmäßig zelebriert wird.

Cocktailstunde – am liebsten draußen

Riesling, Chardonnay, Cabernet-Sauvignon und Müller-Thurgau sind Rebsorten, die auch auf neuseeländischem Boden gedeihen. *Dry* oder *medium dry* – richtig populär als ordentlicher Tischwein ist der günstige „Cask"-Wine im Minicontainer (3 l). *Sparkling wine brut* (trockener Sekt) hat Klasse bekommen. Die Hawke Bay und die Auckland-Region sind bekannt für gute Rotweine, Marlborough mehr für ausgezeichnete Weißweine. Kosten Sie auch Kiwi-Wein!

Biertrinker sollten trotz Deutsch klingender Marken keine falschen Hoffnungen hegen. Die Gläser kommen wie in England randvoll und ohne Schaum auf die Theke. Riesengroß ist die Auswahl bei Fruchtsäften, die aufgrund der Apfelschwemme gern über eine *apple base* von bis zu 75 Prozent verfügen, d. h. auch Orangen- und Kirschsaft sind zu drei Vierteln mit Apfelsaft versetzt.

PURE WOLL-LUST ...

... entwickelt sich in Neuseeland beim Erwerb von Pullovern,
Schals, Socken und Schaffellen

> An der Wolle von knapp 40 Mio. Schafen kommen Neuseelandbesucher nur schwer vorbei. Die modischen, handgestrickten Pullover sind teilweise zwar ganz originell (etwa in Queenstown), aber kaum günstiger als zu Hause. Achten Sie beim Kauf auf die Qualität des verarbeiteten Garns. Das gilt auch für handgewebte Wollprodukte wie Schals und Decken. Besonders hochwertige Outdoorkleidung (z. B. *Icebreaker*) wird aus feinster Merinowolle von den Hochlandfarmen auf der Südinsel gefertigt. Echter Luxus auf der Haut sind Strickwaren aus einer Mischung von Merinowolle und Opossum-Haaren, *Merino Mix* genannt (z. B. von *Untouched World*). Wer etwas Robustes für Wind und Wetter sucht, kauft einen großkarierten Wollüberzieher (etwa von *Swanndri*), wie ihn seit jeher der neuseeländische Schafhirte trägt.

FELL & LEDER

Was man aus Schafsfell alles herstellen kann, zeigen die prall gefüllten Auslagen der Souvenirshops: vom weichen Bettvorleger bis zum pink eingefärbten Kuscheltier. Längst wissen junge Modedesigner mit den Fellen umzugehen und schneidern schicke Jacken und Mäntel, auch aus dem kurz geschorenen Fell von Jungtieren, das bevorzugt innen getragen wird. Immer noch hipp sind *UGG Boots,* flache Fellstiefel, die es überall zu kaufen gibt. Hirschleder stammt in der Regel von den zahlreichen Rotwildfarmen im Land.

GREENSTONE & GOLD

Es muss nicht teuer sein, sich mit neuseeländischer Jade zu schmücken. Greenstone ist ein Halbedelstein, dem erst die Kunstfertigkeit des Schleifers großen Wert verleiht. Aus sogenannten *Greenstone Factories*, z. B. in Hokitika an der West Coast, kommen die Schmucksteine als günstige Massenartikel in den Handel. Bei kleinen Kostbarkeiten waren Künstler am Werk, die den in allen Grüntönen vorkommenden Stein oft nach alten Maori-Motiven in Form bringen. Besonders beliebt sind

> EINKAUFEN

Koru (der Spirale des Farnwedels nachempfunden) und *Twist* (einem verschlungenen Knoten ähnelnd), die als *Tiki* (Amulett) um den Hals getragen werden. Verlässliche Adressen für garantierte Greenstone-Preziosen sind außer einigen kleinen Ateliers in Hokitika das *Arts Centre* in Christchurch und der *Te Papa Museum Shop* in Wellington. Wenn es auch etwas teurer sein darf, können Sie ein glänzendes Mitbringsel aus einer der noch aktiven Goldminen Neuseelands erstehen: z. B. in Form von kleinen Nuggets, die zu Ohrringen oder Anhängern verarbeitet werden.

◼ MAORI-KUNST-HANDWERK

Das gibt es nur in Neuseeland: Holz- und Knochenschnitzereien nach traditionellen Motiven der Polynesier sowie Flecht- und Webarbeiten aus Flachs. Hochwertige Skulpturen oder Masken aus Künstlerhand haben natürlich ihren Preis. Eine sehr gute Auswahl bietet z. B. das *Te Puia Arts and Crafts Centre*

in Rotorua. Als Souvenir für die Ewigkeit sind Tätowierungen mit Maori-Ornamenten in Mode gekommen. Kleine Tattoostudios bieten beinahe an jeder Ecke ihre Dienste an.

◼ PAUA & PERLMUTT

Geschliffen und poliert macht die bunt schillernde Schale einer handgroßen Paua-Muschel als Tisch- oder Raumschmuck allerhand her. Auch ansonsten muss die Muschelschale für lauter Schmuck herhalten, aber viele der Ohrgehänge, Halsketten, Amuletts, Armbänder und Haarspangen sind ihr Geld nicht wert. Doch mit etwas Suchen kann man unter dem ganzen Talmi auch schön gearbeitete Stücke finden, z. B. bei *Pauanesia (35 High St.)* in Auckland.
Schmuck aus Perlmutt *(Mother of Pearl)* sieht fast immer edel aus, vor allem wenn er aus dem Atelier von Neil Hanna stammt. Dessen Arbeiten werden vielerorts verkauft, etwa im *Canterbury Museum* in Christchurch und in seinem Atelier in Auckland *(77 Parnell St.)*.

> STRÄNDE, VULKANE UND GROSSSTADTLEBEN

Die Nordinsel – für die Maori der dicke Fisch am Haken, für alle anderen das Wirtschaftszentrum Neuseelands

> Die Frage ist immer die gleiche und ihre Beantwortung immer gleich schwer: Für welche Insel Neuseelands soll ich mir die meiste Zeit nehmen? Die Nordinsel ist landschaftlich vielleicht nicht so reizvoll wie die Südinsel mit der grandiosen Alpenkette, den romantischen Seen und der wild zerklüfteten West Coast. Deshalb sollten Naturliebhaber ruhig etwas mehr Zeit für den Süden einplanen, auch wenn die Nordinsel ebenfalls einmalige Landschaften zu bieten hat.

Die Nordinsel ist mit der Hauptstadt Wellington der wirtschaftliche Motor des Landes, hier leben fast zwei Drittel der 4,3 Mio. Neuseeländer. Wenn sich die reichen Vettern aus dem Norden allzu mitleidig über die armen Verwandten im Süden beugen, antworten diese gern mit einem Bild aus der Maori-Mythologie: Einst saß der Halbgott Maui in seinem Kanu (Südinsel) und angelte. Bald hatte er einen besonders dicken Fisch (Nordinsel)

Bild. Aucklands Skyline mit dem Westhaven

DIE NORDINSEL

am Haken, dessen Maul heute der natürliche Hafen von Wellington sein soll. Die Nordinsel – das sind feinsandige Strände im Nordosten rund um die Bay of Islands, Vulkan- und Skigebiete in der Mitte, ein Obst- und Weingarten im Osten, Erdöl- und Gasfelder im Bereich der Tasman Sea im Westen. Wer ganz und gar nicht ohne Stadtleben sein kann, kommt in den Großstädten Auckland und Wellington ganz bestimmt auf seine Kosten.

AUCKLAND

 KARTE IN DER HINTEREN UMSCHLAGKLAPPE

[126 B1–2] **Wie ein Krake hat sich Auckland auf dem schmalen Isthmus zwischen Pazifik und Tasman Sea auf einer Länge von 70 km ausgebreitet.** Fast jede Familie besitzt oder bewohnt hier ein Häuschen mit kleinem Garten. Hochhäuser gibt es höchstens im Innenstadtbereich. „City of Sails" nennt der moderne Freizeitmensch seine Stadt und deutet damit dezent an, dass jeder sechste Aucklander ein eigenes Segelboot im Hafen liegen hat.

Auckland ist der wirtschaftliche Mittelpunkt Neuseelands. Von den fast 1,3 Mio. Einwohnern sind ein

Der *Auckland Explorer Bus* startet genau wie ein Linienbus zu 14 Sehenswürdigkeiten, u. a. Victoria Market, Mission Bay, Parnell Village, Auckland War Memorial Museum und Sky Tower/Casino *(tgl. 9–16*

Wer beobachtet hier wen? Im Acryltunnel von Kelly Tarlton's Underwater World

Viertel Maori bzw. stammen von den pazifischen Inseln, die meisten von Samoa und den Cook Islands. Daher nennt sich Auckland auch polynesische Hauptstadt der Welt.

1840 wurde Auckland gegründet, war nach Russell und bevor der Regierungssitz 1865 nach Wellington verlegt wurde sogar Hauptstadt. Seither herrscht Rivalität zwischen den beiden Städten. Der publikumswirksame Streit endet stets mit Vergleichen von Sonnenscheindauer und Niederschlagsmengen.

Uhr). Sie können aussteigen und haben für jede (nicht geführte) Besichtigung mindestens eine halbe Stunde Zeit, ehe der Doppeldeckerbus wieder vorbeikommt. *Ferry Building | Quay St. | ca. 30 NZ$ | www.explorer bus.co.nz*

Flexibler – und auch preiswerter – erreichen Sie viele der Sehenswürdigkeiten Auklands mit dem grünen *Link Bus (Tagespass 14 NZ$ | www. stagecoach.co.nz).* Im Stadtzentrum verkehrt der rote *City Circuit* kostenlos alle 10 Min. *(tgl. 6–23.30 Uhr).*

> **www.marcopolo.de/neuseeland**

AUCKLAND MUSEUM 🔊

Wer nicht in die Bay of Islands fährt, hat in diesem Museum Gelegenheit, vieles über die Geschichte und Kultur der Polynesier zu erfahren, die die Inseln als erste besiedelten. Um 11, 12 und 13.30 Uhr (Jan–März auch 14.30 Uhr) halbstündige Vorführungen mit Maori-Folklore *(ca. 20 NZ$). Auckland Domain | tgl. 10–17 Uhr | Eintritt frei, Spende von 5 NZ$ erwünscht | www.aucklandmuseum.co.nz*

HAURAKI GULF

46 Inseln verteilen sich im Golf. Die Insel *Waiheke* ist eine beliebte Sommerfrische mit urgemütlichen Winzergärten. Wunderbare Wanderungen lassen sich auf der dicht bewachsenen Vulkaninsel *Rangitoto* (gegenüber der Mission Bay) unternehmen. Ein Vergnügen sind die Touren mit den Yachten der *Pride of Auckland Company* durch den Hauraki Gulf und den Waitemata Harbour *(Pride of Auckland Company | Maritime Museum, am Princes Wharf | Tel. 09/373 45 57 | ab ca. 60 NZ$ | www. prideofauckland. com).*

KELLY TARLTON'S UNDERWATER WORLD

Ein Acryltunnel führt durch die schillernde Unterwasserwelt. In der eiskalten Umgebung des benachbarten *Antarctic Encounter* erleben Besucher, ebenfalls unterirdisch, einen interessanten Ausflug ins künstliche Eis der Antarktis. *Tamaki Dr. | tgl. 9–21, April–Okt. tgl. 9–18 Uhr | 28 NZ$ | www.kellytarltons.co.nz*

MOTAT

Im Museum zur Geschichte von Transport und Technik ist auch das

MARCO POLO HIGHLIGHTS

⭐ **Parnell Street & Village**
Aucklands Shoppingmeile mit guten Kneipen (Seite 36)

⭐ **Hot Water Beach**
Heiße Badewanne am Strand (Seite 39)

⭐ **Pukeiti Rhododendron Gardens**
Blühende Pracht in Weiß, Rot und Violett (Seite 42)

⭐ **Napier**
Die neuseeländische Art-déco-Stadt (Seite 42)

⭐ **Waitangi Treaty Grounds**
Geburtsort des Staates Neuseeland (Seite 45)

⭐ **Ninety Mile Beach**
Herrlicher breiter Sandstrand (Seite 48)

⭐ **Hangi**
Köstliches Festessen der Maori (Seite 53)

⭐ **Waimangu Volcanic Valley**
Atmosphäre wie im Fantasyfilm (Seite 55)

⭐ **Cable Car in Wellington**
In steiler Fahrt zum Aussichtspunkt (Seite 58)

⭐ **Te Papa**
Neuseelands Geschichte in Wellington multimedial erzählt (Seite 59)

originale Fluggerät des neuseeländischen Flugpioniers Richard Pearse (1877–1953) zu sehen. *Great North Rd. | tgl. 10–17 Uhr | 14 NZ$ | www. motat.org.nz*

MT. EDEN ≫≪

Erst von der 196 m hohen ehemaligen Verteidigungsanlage der Maori (*Pa genannt*) erkennt man, dass Auckland auf 60 Vulkanhügeln erbaut wurde. Der Ausblick in der Dämmerung auf die glitzernden Lichter zwischen Manukau Harbour und Waitemata Harbour ist phantastisch.

NATIONAL MARITIME MUSEUM

Eindrucksvolle Ausstellung zur Seefahrtsgeschichte Neuseelands in 14 Hallen. *Ecke Quay/Queen St. | Hobson Wharf | Sommer tgl. 9–18, Winter bis 17 Uhr | 16 NZ$, kostenlos bei der Fahrt mit der Pride of Auckland | www.nzmaritime.org*

ESSEN & TRINKEN

Aktuelle In-Lokale veröffentlicht das Monatsmagazin *Metro*. Die schicksten Restaurants finden Sie entlang der *Hurstmere Rd.* (Takapuna), *Parnell Rd.,* ⟫ *Ponsonby Rd.* und *Victoria Rd.* (Devonport), im *Viaduct Basin* (America's Cup Village) sowie entlang des *Princes Wharf.*

ESPLANADE/MECCA CAFÉ ⟫

Stilvolles Hotelrestaurant, das mediterrane Köstlichkeiten serviert. Wer es etwas relaxter mag, besucht das *Mecca* im selben Haus. *1 Victoria Rd. | am Fähranleger in Devonport | tgl. Lunch/Dinner | Tel. 09/445 12 91 | €€–€€€*

HARBOURSIDE ≫≪

Bei einer Brise auf der Terrasse frisch zubereiteten Fisch genießen. *Ferry Building | tgl. Lunch/Dinner | Tel. 09/307 05 56 | €€€*

NON SOLO PIZZA

Eines der besten italienischen Restaurants der Stadt. *259 Parnell Rd. | tgl. Dinner | Tel. 09/379 53 58 | € bis €€*

PRIME BISTRO ≫≪

Ideal für einen Snack (Tapas) zwischendurch und einen guten Kaffee mit Blick auf das Kreuzfahrtterminal.

188 Quay St. (Price Waterhouse Cooper Bldg, 1. Stock) | Mo–Fr 10 bis 19 Uhr | Tel. 09/357 01 88 | €–€€

SWASHBUCKLERS

Direkt am Yachthafen liegt das beliebte Fischlokal. Wenn's zu voll ist: Der *Auckland Fish Market (22–32*

324, 334, 348 ab Downtown Bus Terminal, Customs St. East

HIGH STREET ▶▶

Die Parallelstraße der Queen St. ist das Domizil junger, wagemutiger Modemacher, die auf eine steile Karriere hoffen.

Aucklands schickes Restaurantviertel Viaduct Basin liegt direkt am Yachthafen

Jellicoe St. | Freemans Bay | www. aucklandfishmarket.co.nz) mit kleiner Gastronomie ist eine nahe Alternative. *23 Westhaven Drive | Lunch/ Dinner | Tel. 09/307 59 79 | €–€€*

◼ EINKAUFEN

DRESSMART

Über 40 Outletshops bieten Waren um bis zu 70 Prozent preiswerter an als handelsüblich. Mal lohnend, mal nicht. *151 Arthur St., Onehunga, Bus*

KINGSLAND

Der kleine Stadtteil hat sich zum Liebling moderner Aucklander mit Bars, Restaurants und Designershops entwickelt *(438–510 New North Rd.).*

MARKT IN OTARA

Einen Blick in das polynesische Herz Aucklands gewährt dieser große lebendige Obst- und Gemüsemarkt. *Sa 7–12 Uhr | Otara | Abfahrt Hwy. 1*

PARNELL STREET & VILLAGE ⭐

Eine viktorianisch angehauchte Atmosphäre beherrscht diese besondere Shoppingmeile mit ihren verschachtelten Läden. Dort findet man originelle Mode, kann gemütlich Kaffee trinken oder in einer der Kneipen eine Shoppingpause einlegen.

VICTORIA PARK MARKET

Flohmarkt am Wochenende, ansonsten residiert hier eine Reihe von Geschäften mit Kunsthandwerk.

ÜBERNACHTEN

AMITEE'S ON PONSONBY

Geschmackvoll eingerichtetes B & B, viele tolle Restaurants und Bars in der Nachbarschaft. *7 Zi. | 237 Ponsonby Rd. | Tel. 09/378 63 25 | Fax 378 63 29 | www.amitees.co.nz | €€*

BASE ACB
(AUCKLAND CENTRAL BACKPACKERS)

300-Betten-Haus mit Doppel- und Vierbettzimmern in der Innenstadt (mit Reisebüro). Gute Anlaufstation für Rucksackreisende. *229 Queens St. (3. Stock) | Tel. 09/358 48 77 | Fax 358 48 72 | www.stayatbase.com | €*

COPTHORNE HARBOUR CITY

Mit Blick auf den Yachthafen und die Harbour Bridge. Fragen Sie nach „the best available rate". *188 Zi. | 196 Quay St. | Tel. 09/377 03 49 | Fax 307 81 59 | www.copthorneharbourcity. co.nz | €€*

THE METROPOLIS AUCKLAND ≫

Mitten im Shoppingviertel, von den Suiten Blick auf den Hafen. Wochenendspecials! *145 Zi. | 1 Courthouse Lane | Tel. 09/300 88 00 | Fax 09/300 88 99 | www.luxuryadventures.co.nz | €€€*

FREIZEIT & SPORT

BADEN

Schöne Strände finden Sie an der Westküste, in den Sandbuchten der steilen *Waitakere Ranges,* in ▶▶ *Piha* und ▶▶ *Karekare,* wo die Strandszenen für den preisgekrönten Film „Das Piano" der Regisseurin Jane Campion gedreht wurden. Baden kann man auch in der Nähe von *Muriwai,* wo eine Basstölpelkolonie liegt *(www. arc.govt.nz).* Zum stadtnahen Ausspannen bieten sich die Strände an der *Mission Bay* und in *Takapuna* an.

SKY JUMP

Aus 192 m Höhe fallen Wagemutige freiwillig vom Sky Tower. *Hobson/ Victoria St. | ca. 195 NZ$ | www.sky jump.co.nz*

HARBOUR BRIDGE EXPERIENCE ☀

Für einen wunderbaren Blick auf Hafen und Skyline eignet sich auch ein 1,5-stündiger „bridge climb" auf die 65 m hohe Harbour Bridge. Sogar Ehen sind dort oben schon geschlossen worden. Fotografieren ist verboten, aber ein Bungee Jump ist möglich *(www.ajhackett.com).* *100 NZ$ | Anmeldung/Info Tel. 09/377 65 43 | www.aucklandbridgeclimb.co.nz*

LAUFEN UND WANDERN

Wer für den *Fun run round the bays* (immer im März, rund 10 km) trainieren will, hat dazu entlang der *Mission Bay* bis *St. Heliers Bay* beste Gelegenheit. Origineller aber ist der Weg von Küste (Pazifik) zu Küste (Tasman Sea). Infos über den 16 km langen *Coast to Coast Walkway* gibt's im Visitor Centre oder unter *www.aucklandcity.govt.nz*.

■ AM ABEND

AMERICA'S CUP VILLAGE

Der „place to be" für Kiwis und Touristen am Yachthafen in der Innenstadt. *Viaduct Basin/Princes Wharf*

SHAKESPEARE TAVERN BREWERY

Fünf selbst gebraute Biersorten auf drei Etagen, vom Real Ale bis zum Lager, gezapft nach dem Motto: „Two beers or not two beers?" *61 Albert St. | tgl. ab 11 Uhr*

SKY CITY CASINO

Geschmackvoll ausstaffiertes Kasino, auch Restaurants, Bars, Theater und ein gutes 4-Sterne-Hotel. *Hobson/ Victoria St. | durchgehend geöffnet*

SKY TOWER ☀

Genau 328 m misst das Wahrzeichen Aucklands, das auch tagsüber einen Besuch wirklich lohnt. Es gibt gute Restaurants – am gemütlichsten ist das *Orbit* – *(€€ – €€€)* mit Traumblick, oft müssen Sie aber Tage im Voraus einen Tisch reservieren *(Tel. 90/363 60 00)*. *Hobson/Victoria St. | tgl. 8.30–23 Uhr | www.skytower. co.nz*

■ AUSKUNFT

AUCKLAND I-SITE

Sky City (Atrium) | Ecke Victoria und Federal Sts. | Tel. 09/363 71 80 | www.aucklandnz.com

DEPARTMENT OF CONSERVATION

Informationen über Nationalparks. *Ferry Building | Tel. 09/379 64 76 | www.doc.govt.nz*

Der Sky Tower am Abend. Wer lieber über den Dingen steht, fährt hoch und blickt runter

■ ZIELE IN DER UMGEBUNG ■

KAWAU ISLAND [126 B1]

Ein Tier- und Pflanzenparadies mit *wallabies* (Minikänguruhs) und Antilopen sowie dem Landsitz *Mansion House* des Generalgouverneurs Sir George Grey (1812–98). Tagestouren mit dem Boot können Sie von Sandspit aus unternehmen (bei

wahrt, und die *Puhoi Tavern* (aus dem Jahr 1879), das *Puhoi Cheese* (ca. 3 km weiter; unbedingt den selbst gemachten Käse probieren) sowie das *Puhoi Cottage* am Ende des Dorfes sind einen Besuch wert. Cottage-Tipp: selbst gebackene *berry muffins* (Do–Di 10–18 Uhr). 65 km nördl.

Auch mit zwei linken Händen mühelos zu schaffen: Do-it-yourself-Pools am Hot Water Beach

Warkworth nördl. von Auckland | Tel. 0800/ 11 16 16 | www.reubens.co.nz). 25 km nördl.

PUHOI [126 B1]

In Puhoi haben sich 1863 böhmische Siedler niedergelassen. Das Dorf, abseits vom Hwy. 1 und ein paar Kilometer nördlich des romantischen Wenderholm Regional Park, hat seinen pionierhaften Charakter be-

COROMANDEL-HALBINSEL

[126 C1–2] Diese Halbinsel ist ein echtes Naturerlebnis auf kleinem Raum mit Busch, Bergen, Bäumen und südseeähnlichen Stränden. Die wichtigsten Städte und Orte der Halbinsel sind Thames, Coromandel, Whitianga und Pauanui Beach, die jede für sich Sehenswertes und Erlebnisreiches zu bieten haben.

■ SEHENSWERTES

GOLDMINE EXPERIENCE TOUR

Die mit viel Initiative restaurierte Goldgrube inkl. einer das Erz zerkleinernden *Stamper Battery* vermittelt einen authentischen Einblick in die goldige Vergangenheit der Halbinsel. *Thames | Ecke Moanataiari Rd./Hwy 25 | tgl. 10–16 Uhr (Dez. bis März) | 10 NZ$*

■ ÜBERNACHTEN

HAHEI HOLIDAY RESORT

Direkt am herrlichen Sandstrand liegt dieser Campingplatz mit guten *cabins* und Motelzimmern bzw. kleinen Villen. Ideal auch als Standort für Ausflüge in die Umgebung und Kajaktouren. *Harsant Ave. | Tel. 07/ 866 38 89 | Fax 866 30 98 | €–€€*

GRAND MERCURE PUKA PARK RESORT

Besonders schöne, komfortable Lodge mit 50 Chalets und zwei Restaurants am bewaldeten Hügel, aber ohne Meerblick. Im Wellness Centre werden u.a. auch Massagen und Kneippkuren angeboten. *Pauanui Beach | Tel. 07/864 80 88 | Fax 864 81 12 | www.pukapark.co.nz | €€€*

■ FREIZEIT & SPORT

BADEN

Herrliche Strände auf der Coromandel-Halbinsel: *Cook's Beach* in der Mercury Bay und Hahei mit dem *Mare's Leg Beach*. In Hahei führt ein Fußweg vorbei an Pohutukawa-Bäumen zur *Cathedral Cove*, einem versteckten Strand mit einem portalähnlichen Felsendurchgang.

Ein paar Kilometer von Hahei entfernt ist der ★ *Hot Water Beach* eine heiße Empfehlung. Buddeln Sie sich hier bei Ebbe Ihren eigenen, wohl temperierten Pool in den Sand hinein – je tiefer, desto heißer. Kühl wird's mit der Flut ...

JOHANSEN ADVENTURES

Damian und Sharon zeigen auf ihren unterhaltsamen Touren (Preise variieren je nach Ziel und Dauer) alte Goldminen; man erfährt dabei auch viel über praktische Botanik: z.B. welche Strauchblätter sich als Seife oder WC-Papier verwenden lassen. *Pauanui Beach | Tel. 07/864 87 31 | www.coromandel.co.nz*

■ AUSKUNFT

THAMES I-SITE

206 Pollen St. | Tel. 07/868 72 84 | Fax 868 75 84 | www.thecoromandel. com und www.thamesinfo.co.nz

■ ZIELE AUF DER COROMANDEL-HALBINSEL

COROMANDEL   [126 C1]

Der kleine Ort mit seinen ansehnlichen Häuschen im Kolonialstil, netten Hotels, Restaurants und Souvenirshops hält einen Trumpf bereit: Hier betreibt der Töpfer Barry Brickell eine urige Eisenbahn, die *Driving Creek Railway*. Sein Traum: ein 30 ha großer Naturpark Coromandel, durch den die Schmalspurbahn schon bald zu einem Naturkundemuseum führen soll. Die skurrile einstündige Fahrt (hin und zurück) auf der ca. 4 km langen Strecke über Viadukte ist ein Erlebnis *(Kennedy Bay Rd. | tgl. 10.15, 14 Uhr, Okt. bis April auch 12.45, 15.15 Uhr so-*

wie nach Bedarf | 20 NZ$ | Tel. 07/866 87 03 | www.drivingcreekrail way.co.nz).

Insider Tipp Frische Muscheln aus eigener Züchtung verkauft die ==Coromandel Oyster Company== (*Tiki Rd. | 2 km südl. am Hwy. 25 | tgl. | www.coro mandeltown.co.nz, Stichwort „Marine").* Infos unter *www.coromandel town.co.nz*

PAUANUI BEACH [126 C2]

Eine etablierte Ferienhaussiedlung der Aucklander auf der Halbinsel. Betuchte Anwohner haben sich ihr Haus z.B. direkt an den kleinen Airstrip gebaut und parken ihr Flugzeug vor der Haustür. Der lang gezogene Strand ist ausgezeichnet, doch außerhalb der Saison, die von Mitte Dezember bis Mitte Februar dauert, wirkt Pauanui Beach ziemlich ausgestorben.

WAIHI [126 C2]

Während des Goldrausches auf Coromandel in den Jahren 1867 bis 1907 wurde Gold im Wert von insgesamt mehr als 3 Mia. Euro gefunden. Eine neuseeländisch-australische Gesellschaft hat sich zum Ziel gesetzt, bis zum Abschluss des Jahres 2010 in der Ende der 1980er-Jahre eröffneten *Martha Hill Mine* 800 000 Unzen Gold und 6,4 Mio. Unzen Silber zu fördern. 3 Mio. t Gestein werden jährlich dafür umgeschichtet. Später soll über die Narben des 24 ha großen Abbaugebiets eine Freizeitlandschaft wachsen. *Kostenlose Führungen Mo–Fr 9 und 13 Uhr, Infozentrum tgl. 9–17 Uhr | Tel. 07/863 98 80 | Aussichtsplattform Moresby Ave. | www.waihi. org.nz*

WHITIANGA [126 C1]

Schöne Strände in der Umgebung, bei Hochseefischern beliebte Touren. Darüber hinaus steht der Ort auch bei Genießern hoch im Kurs: Frische gekochte Langusten etwa bekommen Sie hier in allen Fischläden. Von dem kleinen Flugplatz gibt es Verbindungen nach Auckland und zum dünn besiedelten, urwüchsigen *Great Barrier Island* (*ca. 220 NZ$ | Tel. 0800/27 59 12*). Preiswerte Unterkunft (Campingplatz mit Motel in Strandnähe) finden Reisende im *Buffalo Beach Tourist Resort* (*Eyre St. | Tel./Fax 07/866 58 54 | €–€€*).

Auskunft: *Whitianga i-Site | 66 Albert St. | Tel. 07/866 55 55 | www.whi tianga.co.nz*

MT. TARANAKI

[126 A5–6] Auf der Fahrt durch die grüne Ebene im Südwesten kann man den Vulkankegel mit seiner meist weißen Kappe schon von Weitem sehen: Mt. Taranaki oder Mt. Egmont, wie immer noch auf vielen Karten dieser Region vermerkt ist. Die Gegend liegt abseits der großen Reiseströme. Für Touristen interessant ist neben *New Plymouth* vor allem die Ostseite des Mt. Taranaki.

Die isolierte Lage des Berges ist aus der Mythologie der Maori folgendermaßen überliefert: Im Streit um einen jungen (weiblichen) Berg, den Mt. Pihanga, zerstritten sich die im Zentrum der Nordinsel liegenden Berge Tongariro und Taranaki derart, dass der Taranaki verbittert das Weite suchte und einen langen Graben zog (den heutigen Flussverlauf des Whanganui), bis das nahe Meer seinen Weg stoppte ...

■ SEHENSWERTES ■

MT. TARANAKI

Meist bedecken Wolken den 2518 m hohen Gipfel des Berges, dessen Hänge bis zur Baumgrenze von teilweise dichtem Busch bewachsen sind. Für Autofahrer ist der 180 km lange *Taranaki Heritage Trail* der richtige Wegweiser, bei Wanderern

der Pionierzeit. *Ohangi Rd. | Fr–Mo 10–16 Uhr (sonst nach Absprache) | | 7 NZ$ | Tel. 06/278 68 37*

■ ESSEN & TRINKEN ■

MOUNTAIN HOUSE RESTAURANT

Die Schweizerin Berta Anderson hat sich ausgezeichnet auf die neuseeländische Küche eingestellt (Zimmer in

Armer, alter Mt. Taranaki: Laut Maori-Mythologie soll der Berg einsam und verbittert sein

ist der viertägige *Round the Mountain Track* beliebt. ☀ Eine Aussichtsplattform gibt es ca. 17 km von Stratford entfernt in der Nähe der *Mountain House Motor Lodge* an der Pembroke Rd.

TAWHITI MUSEUM

In einer alten Käsefabrik präsentiert der Töpfer Nigel Ogle seine gesammelten Kuriositäten zur Geschichte

der *Mountain House Motor Lodge)*. *Pembroke Rd. | Stratford | tgl. Lunch/ Dinner | Tel. 06/765 61 00 | www. mountainhouse.co.nz | €€–€€€*

■ ÜBERNACHTEN ■

DAWSON FALLS MOUNTAIN LODGE

Der urgemütliche (bis kitschige) Schweizer Baustil dieser Unterkunft passt zur alpinen Umgebung. *11 Zi. | Upper Manaia Rd. | Kaponga | Tel.*

06/765 54 57 | *www.dawson-falls.co.nz* | €€

■ AUSKUNFT
SOUTH TARANAKI I-SITE
Tower Grounds | 55 High St. | Hawera | Tel. 06/278 85 99 | www.stdc.co.nz

STRATFORD I-SITE
Broadway South | am SH 3, Stratford | Tel./Fax 06/765 67 08 | www.stratfordnz.co.nz

■ ZIEL IN DER UMGEBUNG
NEW PLYMOUTH   [126 A5]
Die Gas- und Ölfelder vor der Küste bescherten New Plymouth schon in den 1950er-Jahren wirtschaftlichen Auftrieb, ebenso wie die Mitte der 1980er-Jahre aufgenommene Produktion von synthetischem Benzin in Motonui. Die Stadt mit den dunklen Stränden zeigt ihre schönere Seite zweifellos im Oktober und November mit den aufblühenden ★ *Pukeiti Rhododendron Gardens (2290 Carrington Rd. | 29 km von New Plymouth entfernt).*

Auch in den *Tupare Gardens (487 Mangorei Rd. | Abzweigung vom Hwy. 3 | Broadway/Miranda St. | Stratford | Mo–Fr 9–17, Sa/So 10–15 Uhr | nur im Sommer)* sowie im *Pukekura Park (Liardet St. | tgl. 9–19.30, Dez.–Feb. bis 23 Uhr)* blüht es in allen Farbschattierungen. Anfang November beginnt auch das farbenprächtige *Taranaki Rhododendron Festival.*

Auskunft: *New Plymouth i-Site, Puke Ariki (im Foyer) | St. Aubyn St. | Tel. 06/759 60 60 | Fax 759 60 73 | www.newplymouthnz.com*

NAPIER

[127 D6] ★ **Napier (50 000 Ew.) gilt als eine der schönsten Art-déco-Städte der Welt, mit einer für die Stilepoche seltenen homogenen Architektur.** Das hat einen traurigen Hintergrund: Am 3. Feb. 1931 erschütterte ein heftiges Erdbeben die Städte Napier und Hastings. Nach nur 3 Minuten lag ein großer Teil der Gebäude in Schutt und Asche, 256 Menschen starben. Innerhalb von 3 Jahren entstand eine neue Stadt. Wert legten die Architekten dabei auf die Einhaltung des Art-déco-Stils. Die geometrischen Ornamente und Formen waren Symbole der modernen, schnörkellosen, von alten Konventionen befreiten Zeit.

■ SEHENSWERTES
ART DÉCO WALK
Eine informative Broschüre (erhältlich auch in Deutsch in der i-Site) ist ein guter Führer auf dem knapp 90-minütigen Spaziergang durch die Art-déco-City. Abends sind die Häuser dezent beleuchtet. Geführte Touren: *Deco Centre | 163 Tennyson St. | tgl. 14 Uhr, ca. 2 Std.* und *ab Visitor Information tgl. 10 Uhr, ca. 1 Std. | www.artdeconapier.com*

HAWKE'S BAY MUSEUM AND ART GALLERY
Sehr gute Audiovisions-Show zur Geschichte der Stadt. *65 Marine Parade | tgl. 9–18 Uhr | 7,50 NZ$ | www.hawkesbaymuseum.co.nz*

NATIONAL AQUARIUM OF NEW ZEALAND
Das Aquarium mit angeschlossenem *Kiwi House* gibt Einblick in die heimische Unterwasserwelt. Im *Marine-*

land einige Hundert Meter weiter können auf diversen Touren u. a. Delphine, Seelöwen, Pinguine beobachtet werden *(www.marineland.co.nz). Marine Parade | Sommer Fr–So/Di/Mi 10–17.30, Mo, Do und im Winter 10–16.30 Uhr | Aquarium 14 NZ$ | www.nationalaquarium.co.nz*

WEINGÜTER

Das milde Klima und der fruchtbare Boden machten die *Hawke Bay*, die sich von der Mahia-Halbinsel bis Cape Kidnappers erstreckt und deren Zentrum Napier ist, berühmt für ihren Wein und ihre Äpfel. Zwei der Dutzend Winzer in der Region sind besonders empfehlenswert: Der *McDonald Winery* ist ein kleines Weinmuseum angeschlossen *(150 Church St. | tgl. 9–17, Touren 10, 11, 14, 15 Uhr)*. Die *Mission Winery* 🔊 von 1851 ist das älteste Weingut Neuseelands *(198 Church St. | Mo–Sa 9–17 Uhr)*. Beide Betriebe liegen südöstlich in Taradale. Bei *Mission* bekommen Sie auch ausgezeichneten

Lunch, ebenso wie bei *Te Awa (Hastings | 2375 Hwy 50 | Tel. 06/879 76 02), Clearview Estate (Te Awanga | 194 Clifton Rd. | Tel. 06/875 01 50)* und *Craggy Range (253 Waimarama Rd., auf dem Weg zum wunderschönen Tuki Tuki Valley | Tel. 06/873 71 26)*, alle €€.

ESSEN & TRINKEN

WEST QUAY/AHURIRI ▶▶

Eine Reihe guter Restaurants und Bars, z. T. mit Terrasse und Blick aufs Wasser, finden Sie den ehemaligen Lagerhallen im Stadtteil Ahuriri, ca. 3 km vom Zentrum.

EINKAUFEN

CLASSIC SHEEPSKINS

Jährlich exportiert Neuseeland rd. 230 000 t Wolle in 50 Länder. Eins der größten Lagerzentren liegt in Napier. Bei *Classic Sheep-skins* wird vom Bettvorleger bis zum Plüschhund alles verkauft und auch verschickt. Die Führung durch den Schaffell verarbeitenden Betrieb ist

Die schöne Art-déco-Bebauung ist traurigen Ursprungs: Ein Erdbeben zerstörte Napier zuvor

kostenlos. *22 Thames St. | zwischen Innenstadt und Westshore/Hafen | Mo–Fr 7.30–17, Sa/So 9–17 Uhr; Führungen (45 Min.) tgl. 11, 14 Uhr | www.classicsheepskins.co.nz*

OPOSSUM WORLD
Ausstellung über das possierliche, aber lästige Beuteltier mit netter Souvenirabteilung. *157 Marine Parade | tgl. 9–17 Uhr | www.opossumworld.co.nz*

ÜBERNACHTEN

BEACH FRONT/SHORELINE MOTEL
Geräumige Zimmer mit Blick aufs Wasser. Gutes Preis-Leistungs-Verhältnis. *56 Zi. | 373 Marine Parade | Tel. 06/835 52 20 | Fax 835 74 00 | www.beachfrontnapier.co.nz | €€*

AUSKUNFT

NAPIER I-SITE
100 Marine Parade | Tel. 06/834 19 11 | Fax 835 72 19 | www.isitehawkesbay.nz.com

ZIELE IN DER UMGEBUNG

CAPE KIDNAPPERS   [127 E6]
Mit einer Flügelspannbreite von ca. 1,75 m ist der neuseeländische Tölpel *(gannet)* weltweit der kleinste seiner Gattung. Die ersten Jungen schlüpfen Anfang Dezember. An die 15 000 Touristen und Ornithologen, die sich zwischen November und Juni auf den Weg zum 15 km südöstlich von Napier gelegenen Kap machen, haben sich die 10 000 hier brütenden gelbköpfigen Vögel wohl gewöhnt.

Ausgangspunkt des Ausflugs ist Clifton Beach (mit zwei Campingplätzen). Wenn Sie den ca. 8 km langen Fußweg über den Strand entlang der Steilklippen allein gehen wollen: Clifton nicht früher als 3 Std. nach dem Höchststand der Tide verlassen und das Cape nicht später als 1,5 Std. nach der niedrigsten Tide. Den Gezeitenkalender gibt es bei der i-Site. Dort buchen Sie auch die Tour zur Kolonie *(www.gannetsafaris.com, www.gannets.com)*. Für Wohnmobi-

Tausendfach tölpelhaft geht es jedes Jahr ab Dezember am Cape Kidnappers zu

listen ist *Te Awanga Motor Camp* ein guter Ausgangspunkt *(Kuku St. | Tel. 06/875 03 34)* bzw. *Clifton Reserve,* etwa 1,5 km entfernt und direkt am Meer *(Tel. 06/875 02 63).*

GISBORNE [127 F4]

Der junge Nick, ehemals Schiffsjunge auf James Cooks „Endeavour" sichtete hier 1769 als erster Engländer Land. Eine Landspitze wurde ihm zu Ehren „Young Nick's Head" benannt. In der Nacht zur Jahrtausendwende waren auf dem 90 Fahrminuten entfernten ✼ Mt. Hikurangi alle Plätze restlos ausgebucht. Von hier aus genießt man exklusiv den von der Datumsgrenze her berechneten ersten Sonnenaufgang eines neuen Tages auf dem Festland. *215 km nordöstl.*

HAVELOCK NORTH [127 D6]

Die Kleinstadt profitiert von den großen Rebenfeldern der Umgebung. Weinliebhaber wie Gourmets treffen sich auf den Weingütern zum Lunch, z.B. in der *Black Barn (www.black barn.com)* und beim supermodernen *Craggy Range Vineyard (www.crag gyrange.com).* Der ✼ Te Mata Hügel bietet einen tollen Ausblick auf das naturbelassene Tuki Tuki Valley und die geschwungene Küstenlinie der Hawke Bay. *15 km südöstl.*

UREWERA
NATIONAL PARK [127 D–E 4–5]

Der viertgrößte Nationalpark Neuseelands. Der Name bedeutet „brennender Penis": Der Häuptling eines Maori-Stammes war während des Schlafs mit dem empfindlichen Körperteil dem Feuer zu nahe gekommen. Von *Wairoa (100 km nordöstl. von Napier)* sind es 70 km bis zum herrlich ruhigen *Lake Waikaremoana* [127 E4–5] mit Campingplatz *(Tel. 06/837 38 26)* und *Visitor Information (Tel. 06/828 64 06 | www.lake.co.nz).* Auf der Fahrt dorthin kommen Sie auch an den schönsten Abschnitten des sehr einsamen, abgelegenen Parks, in dem der Tuhoe-Stamm beheimatet ist, vorüber. Die Mitglieder des Stammes tragen den Namen „Kinder des Nebels" *(children of the mist).* Die sehr kurvenreiche Fahrt von Wairoa nach Rotorua dauert mindestens 5 Std.

PAIHIA

[124 C3] **Knapp vier Autostunden nördlich von Auckland liegt die Bay of Islands, ein Gewirr von etwa 140 Inseln und Inselchen rund um die kleinen Städtchen *Paihia, Kerikeri* und *Russell.*** Die Bay mit ihren lang gezogenen, hellsandigen Stränden ist Teil des Northland. Das Gebiet ist nicht nur historisch interessant (etwa 3 km nördlich von Paihia, in *Waitangi,* liegt die „Wiege Neuseelands"), sie ist ideal für Angler, Segler und Faulenzer. Die höchsten Kauri-Bäume, Obstplantagen, ein 90 km langer Strand – all das findet sich in abwechslungsreicher landschaftlicher Umgebung.

■ SEHENSWERTES ■

WAITANGI TREATY GROUNDS ⭐

Das Visitor Centre auf den Waitangi Treaty Grounds präsentiert einen interessanten geschichtlichen Rückblick auf die Besiedlung Neuseelands. Der Weg zum Treaty House führt durch Mangrovenwald vorbei an einem 35 m langen, aus zwei Kauri-Stämmen zusammengesetzten Maori-Kriegskanu für 150 Krieger. Es wird jedes Jahr anlässlich der Feierlichkeiten zum Waitangi-Day (6. Feb.) zu Wasser gelassen.

Waitangi: Maske vom Kriegskanu der Maori

Auf der riesigen, gepflegten Rasenfläche vor dem *Treaty House* (Vertragshaus) versammelten sich am 6. Februar 1840 fünfzig Maori-Häuptlinge und Vertreter der englischen Krone unter Führung des Generalgouverneurs William Hobson und besiegelten den Waitangi-Vertrag, in dem die Maori an die Siedler Land abtraten. Eine Abschrift davon können Sie im Souvenirshop für ein paar Neuseelanddollar erwerben. Wenige Schritte vom Treaty House entfernt steht das prunkvolle *Whare Runanga*, ein Maori Meeting House, mit Schnitzereien und Symbolen mehrerer Maori-Stämme aus dem Northland. Eigentlich besitzt jeder Stamm seine eigene Versammlungsstätte, *Marae* genannt. *Waitangi Reserve an der Mündung des Waitangi River | tgl. 9–17 Uhr | 14 NZ$ | www.waitangi.net.nz*

ESSEN & TRINKEN
POCO LOCO
Spanische Tapas. *Marsden Rd. | tgl. Dinner | Tel. 09/402 83 88 |* €

WAIKOKOPU CAFÉ
Inside Tip

Idyllisch am Waitangi Reserve gelegen, täglich werden hier Frühstück und Lunch serviert. *Tel. 09/402 62 75 |* €–€€

EINKAUFEN
THE CABBAGE TREE
Sehr geschmackvoller Souvenirshop: Sie finden hier schöne Textilien aus Wolle und Baumwolle, Reiseerinnerungen und Mitbringsel aus Holz und Jade, außerdem Originaldrucke neuseeländischer Künstler. Zwei Geschäfte sind tgl. geöffnet: *Williams St.* und *Maritime Building | www.the cabbagetree.co.nz*

ÜBERNACHTEN
BLUE PACIFIC QUALITY APARTMENTS ☆
Ein schönes, kleines Apartmenthotel mit dem „Million Dollar View" auf den Strand von Paihia. *12 Zi. | 166 Marsden Rd. | Tel. 09/402 73 94 | www.bluepacific.co.nz |* €€

SALTWATER LODGE

Zentral und ruhig gelegen, sauber, mit Blick auf die Bay. Eine „Five Star Backpacker Accomodation". *19 Zi. | 14 Kings Rd. | Tel. 09/ 402 70 75 | Fax 402 72 40 | www. saltwaterlodge.co.nz | €*

▰ FREIZEIT & SPORT ▰

ANGELN

Die Bay ist ein Paradies für Hochseefischer, die von Dezember bis Juni Gelegenheit haben, z. B. einen bis zu 200 kg schweren Schwertfisch zu fangen. *Wild Bill | 40 Marsden Rd. | Tel. 09/402 70 85 | www.wildbill.co.nz*

GOLF ⚜

Zum Waitangi Golf Club gehört ein 18-Loch-Golfplatz, idyllisch an der Bay in der Nähe des Treaty House gelegen. Die notwendige Ausrüstung können Sie vor Ort mieten. *Tel. 09/ 402 77 13*

TAUCHEN

Eine Exkursion führt zum 1985 in Auckland vom französischen Geheimdienst versenkten Greenpeace-Schiff „Rainbow Warrior", das als Seedenkmal in der Bucht vor *Cavalli Island* in 22 m Tiefe liegt. Ausgangspunkt für Tauchtouren ist entweder Paihia *(Paihia Dive | Williams Rd. | Tel. 09/402 75 51 | www.divenz.com)* oder Matauri Bay mit dem herrlich am Strand gelegenen *Ocean's Holiday*  *Village (auch Campingplatz | Tel./Fax 09/405 05 25), Tel./Fax 09/405 04 17 | www.matauribay.co.nz | €€.*

▰ AUSKUNFT ▰

BAY OF ISLANDS I-SITE

Marsden Rd. (Maritime Building) | Tel. 09/402 73 45 | Fax 402 73 14 | www.northland.org.nz, www.nzinfo. com

▰ ZIELE IN DER UMGEBUNG ▰

FAR NORTH   [124 B1–2]

Der nördliche Zipfel der Nordinsel wird auch Far North District genannt, Zyniker sprechen von der Region als „The less North: winterless, jobless, roadless and penniless". Es empfiehlt sich, ab Paihia oder Kerikeri einen

❯ GANZ SCHÖN KALT

Baden im Meer – nur etwas für abgehärtete Naturen

Das Meer um Neuseeland erreicht selbst im Hochsommer selten mehr als 18 Grad. Wer das Wasser gerade so kühl liebt, der sollte zur Sicherheit nur an bewachten Abschnitten schwimmen und baden, denn die Strömungen haben es in sich. Reizvolle Alternativen sind Wanderungen an einsamen Stränden und Faulenzen auf feinem, hellem Sand. Entlang der 5650 km Küstenlinie herrschen vielerorts paradiesische Zustände. Die schönsten Strände der Nordinsel: *Ninety Mile Beach* (Northland, 103 km lang), *Coopers Beach* (Doubtless Bay), *Hahei Beach* (Coromandel Peninsula), *Mount Maunganui* (Tauranga) sowie um Raglan. Auf der Südinsel erstrecken sich attraktive Badestrände von den Marlborough Sounds über Nelson, Abel Tasman National Park, Golden Bay bis Farewell Spit *(Wharariki Beach)*.

11-stündigen Ausflug zum Cape Reinga und zum ⭐ *Ninety Mile Beach* zu buchen. Der Weg ist lang und der 96 km lange Strand (die Bezeichnung 90 Meilen beruht vermutlich auf einem Übertragungsfehler in grauer Vorzeit) zwischen Cape Reinga und Ahipara sollte mit einem Mietwagen ohnehin nicht befahren werden, weil auf dem Strandabschnitt der Versicherungsschutz erlischt.

Am landschaftlich ebenfalls eindrucksvollen ❅ *Cape Reinga*, wo Tasman Sea und Pazifik aufeinander treffen, gibt es ein Postamt, einen hübschen Leuchtturm und tief unten am Kliff einen Pohutukawa-Baum. Genau dort, so der Glaube der Maori, verlassen die Verstorbenen Neuseeland, um in ihre Heimat, das sagenhafte Hawaiki, zurückzukehren. *Ausflüge organisiert King's | Paihia | Tel. 09/402 82 88 | www.dolphincruises. co.nz.* Infos unter *www.fndc.govt.nz*

KAWAKAWA   **[124 C3]**

Das originelle öffentliche Toilettenhäuschen an der Haupteinkaufsstraße hat mit seiner Hundertwasser-Kunst innen und außen die ansonsten stille Ortschaft 15 km südlich von Paihia belebt. Gleich gegenüber werden im Galerie-Shop *The Grass Hut* Werke des Künstlers angeboten.

Insider Tip

> BLOGS & PODCASTS
Gute Tagebücher und Files im Internet

> *www.stephe.de/new_zealand* – Wer sich ein Bild vom Land machen will: Julia und Stephan veröffentlichen hier – nach Stichworten geordnet – ein großes Fotoarchiv.

> *www.travelblog.org* – Unter dem Stichwort „New Zealand" gibt es in dem englischsprachigen Forum lauter aktuelle Reiseerlebnisse zu lesen.

> *www.kahunablog.de* – Allgemeine Informationen, aber auch persönliche Reiseerlebnisse zu Neuseeland.

> *www.nzvillage.com* – Kleines Forum mit diversen Blogs, die teilweise sogar honoriert werden.

> *www.wdrblog.de/einslivereise* – Amüsante Erlebnisse aus dem Leben der Louisa von Reumont, für den Radiosender 1Live (WDR) von Neuseeland aus verfasst.

> *www.bigpod.co.nz* – Für Musikfans genau die richtige Station, um sich über die neuseeländische Szene zu informieren

Für den Inhalt der Blogs & Podcasts übernimmt die MARCO POLO Redaktion keine Verantwortung.

DIE NORDINSEL

Vom Cape Reinga aus sollen Neuseelands Verstorbene ins sagenhafte Hawaiki aufbrechen

KERIKERI [124 C3]

In der „Fruchtschüssel des Nordlands" rund 25 km nördlich von Paihia verkaufen die Farmer am Straßenrand Kiwis, Orangen und Tomaten. In der kleinen Hafenbucht von Kerikeri (5500 Ew.) befindet sich mit dem 1822 gebauten *Kemp House* das älteste Gebäude Neuseelands, der *Stone Store* ist das älteste Steingebäude des Landes (1835). *Rewa's Village*, oberhalb des Yachthafens, ist ein Freilichtmuseum mit der Nachbildung eines Maori-Dorfes *(Kainga)* aus der Zeit vor den Europäern *(Sept.–April tgl. 9–17, sonst 10–16 Uhr | 5 NZ$)*.

Süßigkeitenfans kommen an der selbst gemachten **Schokolade von Makana** nicht vorbei. Unbedingt probieren: Macadamia Popcorn *(Kerikeri Rd. | tgl. 9–17.30 Uhr)*. Übernachten kann man in den sauberen und großzügigen Apartments des *Ora Ora Resorts* in ruhiger, aber zentraler Lage nahe dem Yachthafen *(28 Landing Rd. | Tel. 09/407 35 98 | Fax 407 87 12 | €€€)*.

RUSSELL/
BAY OF ISLANDS [124–125 C–D3]

Ganz in der Nähe des heutzutage verschlafenen, kleinen Ortes Russell (1500 Ew.) an der östlich von Paihia gelegenen Bay of Islands lag für ein Weilchen die Hauptstadt Neuseelands. Zu dieser Zeit hieß Russell noch Kororareka und war wegen der rauen Walfänger und seiner losen Sitten verrufen als „Höllenloch im Südpazifik". Nach Abschluss des Vertrags von Waitangi entstand 1840 in Okiato, nur ein paar Kilometer weiter Richtung Opua, die erste Hauptstadt Neuseelands. Okiato hatte man flugs nach einem Kapitän in Russell umbenannt und dann diesen Namen später – nachdem Auckland Hauptstadt geworden war – auf das ehemalige Kororareka übertragen.

In Russell fallen an der *Christ Church* von 1835 *(Church St./Robertson Rd.)* noch die Einschusslöcher aus früheren Gefechten auf.

Nördlich von Russell genießt man vom ☀ *Flagstaff Hill* am späten Nachmittag eine herrliche Aussicht über die Bay of Islands nach Paihia und kann danach noch auf ein Bier in den *Duke of Marlborough (The Waterfront)* gehen: Die Kneipe bekam als erste in Neuseeland eine Alkohollizenz. Das *Russell Museum* birgt ein Modell des James-Cook-Schiffs „Endeavour" *(York St. | tgl. 10–16 Uhr | 9 NZ$).*

In *The Gables (The Strand | Tel. 09/403 76 18 | €€–€€€)* genießen Sie Fischspezialitäten in historischem Ambiente, das  **Omata Estate** ist ein kleines Weingut mit Restaurant, von dem aus man einen herrlichen Blick über die Bucht hat. Lunch-Empfehlung! *(Aucks Rd. | kurz hinter dem Fähranläger in Opua Richtung Russell | Tel. 09/403 80 07 | www.omata.co.nz | €€ bis €€€).* Gut wohnen kann man auf dem Campingplatz *Russell Top Ten Holiday Park (Longbeach Rd. | Tel. 09/403 78 26 | Fax 403 72 21 | €),* wo preiswerte Hütten vermietet werden, oder in Zimmern mit traumhaf-

Insider Tipp

tem Blick über die Bay, *Te Maiki Villas (9 Zi. | Flagstaff Rd. | Tel. 09/403 70 46 | Fax 403 71 06 | €€€).*

Segeltörns durch die Bay auf einem stilvollen *tall ship,* begleitet von Delphinen, bietet *R. Tucker Thompson (10 Uhr ab Russell | 120 NZ$ | Tel. 09/402 74 21 | www.tucker.co.nz).*

Auskunft: *Bay of Islands Maritime and Historic Park Headquarters | The Strand (neben Russell Museum) | tgl. 8.30–17 Uhr | Tel. 09/403 90 05 | Fax 403 90 09 | www.doc.govt.nz* oder *www.russellnz.com.* Sehenswerte Audiovisionsschau über die Tier- und Pflanzenwelt im Northland.

WAIMATE NORTH
MISSION HOUSE   [124 C3]

21 km westlich von Paihia wurde 1831 diese erste Missionsstation im Landesinneren von Samuel Marsden, dem sogenannten Apostel Neuseelands, gebaut. *Okt.–März Sa–Mi 10–17 Uhr*

Vor lauter hohen Bäumen den Himmel nicht sehen: im Waipoua Kauri Forest

WAIPOUA KAURI FOREST [124 C3]

Am Hwy. 12 zwischen Omapere und Dargaville stehen mit *Tane Mahuta,* „Gott des Waldes" (51 m hoch, 14 m Umfang), und *Te Matua Ngahere,* „Vater des Waldes" (30 m), die höchsten Kauri-Bäume Neuseelands. Das umfangreiche, sehr eindrucksvolle *Kauri Museum (tgl. 9–17 Uhr | www.kauri-museum.com)* veranschaulicht die Geschichte der unter Naturschutz stehenden Kauri-Bäume, deren hochwertiges Hartholz dem hemmungslosen Kahlschlag der frühen Siedler zum Opfer fiel. So genannte *Gum Digger* machten Geschäfte mit dem als Klebstoff nutzbaren Harz, das aus den Wunden der hölzernen Riesen floss. Infozentrum am südlichen Parkende (*Nov.–März Mo–Fr 8–16.30, Sa/So 9–16 Uhr*). Ca. 70 km südwestl.

ROTORUA

[127 D4] **Alle Wege führen nach Rotorua. Die Stadt, fast im Herzen der Nordinsel gelegen, ist als Kunst- und Kulturzentrum der Maori, aber auch als dampfende wald- und seenreiche Thermalregion Neuseelands touristisches Zentrum.** 150 km misst die *Volcanic Faultline,* die vulkanische Verwerfungslinie, vom Mt. Ruapehu (Tongariro National Park) bis zur Vulkaninsel White Island. Trotz mächtigem Touristenansturm leben die knapp 68 000 Einwohner auch heute noch von der Forstwirtschaft und der Holzverarbeitung.

■ SEHENSWERTES ■

AGRODOME LEISURE PARK

Touristisches Spektakel rund um die 19 verschiedenen Schafarten Neuseelands, die hier während einer einstündigen Show (mit Synchronübersetzung) endlich einmal alle präsentiert werden (*Ngongotaha | Riverdale Park | tgl. 9.30, 11, 14.30 Uhr | 24 NZ$ | www.agrodome.co.nz*).

Gleich nebenan können Sie im „Zorb" rollen, einem großen, luftgepolsterten Kunststoffball, und in Jet Boats über einen engen Parcours rasen.

OHINEMUTU

Vor langer Zeit siedelten an dieser Stelle, heutiger Ortsteil Rotoruas, die ersten Maori an dampfenden Erdlöchern. Alte Schnitzkunst ist im Versammlungshaus zu bewundern.

KIWI ENCOUNTER

Auf dem Gelände des Naturparks *Rainbow Springs (www.rainbow springs.co.nz)* wird der Geburtenrate des struppigen, nachtaktiven und fast blinden Laufvogels nachgeholfen. 45 Minuten dauert die Führung durch die Brut- und Aufzuchtabteilung – vielleicht schlüpft ja gerade ein Küken. *Fairy Springs Rd. | tgl. 10–16 Uhr | www.kiwiencounter.co.nz*

ROTORUA MUSEUM

Aufwändig restaurierte ehemalige Badeanstalt im Tudorstil aus dem Jahr 1907. Die ständige Ausstellung zeigt die Kultur des im Rotorua-Gebiet heimischen Maori-Stammes Te Arawa. Vor dem Gebäude liegen Cricket- und Bowling-Rasenplätze. Eindrucksvolle Videoshow über den Tarawara-Ausbruch 1886. *Government Gardens | im Sommer tgl. 9.30–20, Pool tgl. 9–17 Uhr | 11 NZ$ | Tel. 07/349 43 50*

SKYLINE SKYRIDES ❄
Hügel mit schönem Blick auf den Lake Rotorua, kuriosen Sportangeboten (u. a. Asphalt-Bobbahn) und einem Restaurant. *Fairy Springs Rd., nahe Kiwi Encounter*

WHAKAREWAREWA/TE PUIA
Man kann es auch „Whaka" nennen, das Thermalgebiet in Rotorua mit seinen *mud pools* (Schlammlöchern) und Geysiren – der *Pohutu* erregt mit seiner bis zu 30 m hohen Fontäne am meisten Aufsehen. In Whaka befinden sich das Kunst- und Kulturzentrum der Maori, das *New Zealand Maori Arts and Crafts Institute,* mit einem gut sortierten Souvenirshop. Sehenswert ist auch die Holzschnitzerwerkstatt. Die Architektur des Gebäudes auf einem *Marae* (Versammlungsplatz der Maori) symbolisiert die menschliche Gestalt, den Ahnen, der durch die Form des Hauses gegenwärtig ist: Der lang gezogene Firstbalken bildet das Rückgrat, die seitlichen Dachverstrebungen stellen die Rippen dar. Vorn umrahmen Giebelbalken wie zwei mächtige Arme die Türöffnung. *Hemo Rd. | tgl. 8.30– 17 Uhr | Folklorekonzert tgl. 10.15, 12.15 und 15.15 Uhr | Eintritt für*

> # BÜCHER & FILME
> ## Zur Einstimmung – oder zur Erinnerung an down under

> **Ein Engel an meiner Tafel** – Autobiografischer Roman der 2004 verstorbenen Schriftstellerin Janet Frame, u. a. über ihre Zeit in einer geschlossenen Anstalt (nach einer Fehldiagnose), verfilmt von der neuseeländischen Regisseurin Jane Campion.

> **Das Piano** – Der Film von 1993, ebenfalls unter der Regie von Jane Campion, erzählt mit eindrucksvollen Bildern eine ungewöhnliche Liebesgeschichte aus dem 19. Jh. im neuseeländischen Regenwald. Für ihre Darstellung der Hauptfigur Ada bekam US-Schauspielerin Holly Hunter 1994 den Oscar.

> **Unter dem Tagmond** – Neuseeland-Lektüre zum Nachdenken, die von drei einsamen, entwurzelten Menschen handelt, die am Verlust traditioneller Bindungen zerbrochen sind. Mit Maoriblut in den Adern weiß Autorin Keri Hulme, worüber sie schreibt.

> **Mit Herz und Hand** – In dem anrührenden Film von 2005 verkörpert kein geringerer als Anthony Hopkins den sturen Kiwi Burt Monroe, der davon träumt, mit seiner Indian einen Geschwindigkeitsrekord für Motorräder aufzustellen.

> **Whale Rider** – Mit Maori-Mythologie durchwebte Sozialkritik hat den Film (2002) auch international zum Kinohit gemacht: Ein zwölfjähriges Maori-Mädchen lehnt sich gegen die uralte Tradition auf, als sie eine Führungsrolle in ihrem Stamm anstrebt.

> **Das Gartenfest und andere Erzählungen** – Der Kurzgeschichtenband von Katherine Mansfield gehört zu den Klassikern des 20. Jahrhunderts. Eine gehörige Portion Sarkasmus würzt die Anekdoten der in Wellington geborenen und mit nur 34 Jahren in Frankreich gestorbenen Schriftstellerin.

Thermalgebiet und Konzert inkl.
Führung 50 NZ$

⭐ *Hangi* heißt das traditionell im
Erdofen gegarte Essen, das meist u. a.
aus Süßkartoffeln, Muscheln und
Wildschwein besteht. Das beste Essen wird auf der Veranstaltung *(Mai
Ora)* im Whakarewarewa *(Te Puia)*
serviert, auch die Folkloreshow auf
dem Marea ist gut. Kombinieren Sie
eine Tour (ca. 1,5 Std.) durch das
Thermalgebiet vor Beginn des Hangi
(ca. 18.15 Uhr). *Tour und Hangi 130
NZ$. Infos: www.tepuia.co.nz.*

■ ESSEN & TRINKEN

Die meisten Restaurants befinden
sich auf der Tutanekai Street („The
Streat"). Wem der Sinn nach einem
Hangi steht, ist meist auf die großen
Massenveranstaltungen in den Hotels
angewiesen. Authentische Veranstaltungen bieten auch *Tamaki Tours* auf
einem *Marae* an *(ca. 105 NZ$ | Tel.
07/346 28 23).* Ein Bus holt Sie ab.
Das beste Essen wird immer noch
beim *Hangi* im Whakarewarewa
(s. o.) serviert.

CAPERS

Café mit modernem Outfit. Serviert
werden köstliche Lunch-Gerichte
und Delikatessen. Frühstück bis
12 Uhr. *1181 Eruera St. | Lunch/Din-
ner | Tel. 07/348 88 18 | €–€€*

■ EINKAUFEN

Reich verzierte Holzschnitzkunst haben die Polynesier seit jeher ausgezeichnet. Nirgendwo sonst ist die
Auswahl an Maori-Kunst (sowohl in-
dustriell als auch handwerklich ge-
fertigt) so groß wie in den Souvenirshops von Rotorua.

■ ÜBERNACHTEN

Die Fenton Street ist die Hotelmeile
der Stadt, Sonderpreise sind groß an-
geschlagen.

Traditionelle Maori-Schnitzkunst in Rotorua

REGAL GEYSERLAND HOTEL ✿

Am attraktivsten sind die Zimmer mit
Blick auf die *mud pools*. Fragen Sie
danach. *66 Zi. | 424 Fenton St. | Tel.
07/348 20 39 | Fax 348 20 33 | €€*

WAITETI LAKEFRONT MOTEL

Einfaches Haus, außerhalb Rotoruas
direkt am See gelegen, mit Bootsver-
leih. *8 Zi. | Ngongotaha | 7 Arnold St.
| Tel. 07/357 42 94 | Fax 357 25 55 |
www.jackanddis.co.nz | €€*

■ FREIZEIT & SPORT

AIR SAFARIS ✿

Flug über das Thermalgebiet von Rotorua. Ein gutes Preis-Leistungs-
Verhältnis finden Sie bei *Volcanic
Air Safaris (City Lakefront | Tel. 07/
348 99 84).* Besonders eindrucksvoll
ist ein Ausflug zum Krater des noch

immer aktiven Mt. Tarawera: Zunächst geht die Fahrt mit einem vierradangetriebenen Bus zum Krater, dann folgt eine einstündige Wanderung, dann der 15-minütige Rückflug mit dem Helikopter *(Dauer ca. 4 Std. ab/an Whakarewarewa/Te Puia | ca. 435 NZ$ | Tel. 07/348 12 23 | www. helipro.co.nz).*

BADEN

Über 30 verschiedene Pools und 26 separate private Becken verfügt das *Polynesian Spa* direkt am Lake Rotorua. Sie werden aus verschiedenen Heilquellen gespeist. Besonders schön ist der Besuch an einem klaren Abend. *Hinemoa St. (neben dem Bath House und Museum) | tgl. 6.30–23 Uhr | 20–40 NZ$ | www.polynesi anspa.co.nz*

■ AUSKUNFT ■
VISITOR INFORMATION
1167 Fenton St. | Tel. 07/348 51 79 | Fax 348 60 44 | www.rotoruanz.com. Hilfreiche Karte mit Sehenswürdigkeiten rund um die Stadt *(1 NZ$)*

■ ZIELE IN DER UMGEBUNG ■
BURIED VILLAGE   [127 D4]
Das durch den Ausbruch des Tarawera-Vulkans 1886 verschüttete Dorf ist nun ein Freilichtmuseum. Die Fahrt an den Green und Blue Lakes vorbei verspricht romantisch-verklärte Ausblicke auf Vulkan und See. *Tarawera Rd. (16 km von Rotorua entfernt) | tgl. 9–17 Uhr | 12 NZ$*

LAKE TAUPO   [126 C4–5]
Mit 660 km² ist der Krater eines erloschenen Vulkans der größte See Neuseelands und bekannt für seinen enormen Forellenreichtum. Gute Restaurants, z.B. *Villino (45 Horomatangi St. | Tel. 07/377 44 78),* und Motels, z.B. *Clearwater, Karaka Tree* und *de Brett's* mit Campingplatz und *hot pools,* machen einen Aufenthalt in dem Örtchen *Taupo* angenehm. Außerdem interessant: ein Ausflug mit dem Segelschiff „Barbary" über den Lake *(Maori Rock Carvings),* ein Bungee Jump und die Fahrt durch den Wairakei Park mit dem Besuch einer *Prawn Farm (tgl. Führungen ab 9 Uhr, 320 g Süßwasser-Garnelen kosten ca. 28 NZ$)* und des *Honey Hive (tgl. 9–17 Uhr).* Die *Huka Falls* sind eine schmale Schlucht, durch die der Waikato River schießt, mit 400 km längster Fluss Neuseelands. Jet Boats starten an der Prawn Farm. Auskunft: *Visitor Information Taupo | Hwy. 5 | Main St. | Tel. 07/376 00 27 | www.laketaupo nz.com. 75 km südwestl.*

NGARUAWAHIA   [126 B3]
Hier wurde 1858 mit Potatau I. erstmals ein von den meisten Stämmen im sogenannten King Country anerkannter Maori-König gewählt. Von ihm stammt auch die Maori-Königin Te Ata-i-rangi-kaahu ab, die bis zu ihrem Tod 2006 im *Turangawaewae Marae* ihren repräsentativen Pflichten mit geringem politischen Einfluss nachging. Ihr Schicksal war, dass es Frauen in vielen *tribes* nicht erlaubt ist, auf einem Marae-Gelände eine Rede zu halten. Nachfolger wurde ihr ältester Sohn Tuheitia Paki. Das „Königreich" ist von außen zu sehen (von der Flussbrücke des SH 1), aber der Öffentlichkeit nicht zugänglich. Mitte März gibt es hier eine Regatta mit

mächtigen Kriegskanus *(Wakas)*. Auskunft: *Waikato Visitor Centre | Hamilton | Ecke Cavo/Angelsea St. | Tel. 07/ 839 33 60 | Fax 839 07 94 |* www.wai katonz.com. *110 km nordwestl.*

TE PUKE   [127 D3]

„Kiwifruit Capital of the World" nennt sich das kleine Nest, das alljährlich im Mai und Juni in hektischen Trubel verfällt. Dann werden in der sonnenreichen Bay of Plenty (Bucht des Überflusses) die Kiwis geerntet. Kiwifruit Country zeigt (und verkauft) alles, was mit der chinesischen Stachelbeere in Verbindung steht *(Führungen durch die Kiwiplantage am Hwy. 2 tgl. 9–15.45 Uhr). 50 km nördl.*

VULKANGEBIETE   [127 D3–4]

Reizvoller als das Whaka-Thermalgebiet in Rotorua sind etwa einstündige Spaziergänge durch *Hell's Gate (am Hwy. 30 Richtung Whakatane).* Besonders lohnt das fast irreal wirkende, von der Natur mit sprudelnden Gewässern ausgestattete ★ *Waimangu Volcanic Valley* 23 km südlich von Rotorua, das damit wirbt, den größten „kochenden See" der Welt zu besitzen. Das *Waiotapu Thermal Wonderland*, 30 km südlich gelegen, lockt mit den farbenfrohen Champagner-Pools *(beide Thermalgebiete liegen am Hwy. 5 zwischen Rotorua und Taupo).* Sparen können Sie sich hier den Lady-Knox-Geysir: Er wird täglich gegen 10.15 Uhr künstlich mit Seifenpulver wach gekitzelt – nicht besonders prickelnd.

WAIRAKEI TERRACES   [126 C4]

Schön angelegter Rundwanderweg (ca. 45 Min.) am Rande des *Thermal*

Trinken leider verboten: Champagnerpool im Waiotapu Thermal Wonderland

Valley, das Thermalquellen zur Stromerzeugung nutzt. Höhepunkt sind die (künstlich angelegten) *Sinter-Terrassen* (Ablagerungsstufen) sowie Erklärungen zur Maori-Kultur. *Tgl. 9–17 Uhr | Am SH 1 | 5 Fahrmin. nördl. von Taupo | 18 NZ$ | www.wairakeiterraces.co.nz*

WAITOMO (GLOWWORM CAVES) [126 B4]
Die Höhlen mit Millionen von Glühwürmchen sind ein Magnet für Tagestouristen *(tgl. 9–17 Uhr | 26 NZ$ | www.waitomocaves.co.nz)*. Abenteuerlich ist der **Insider Tipp** *Lost World Tandem Absail* (Tel. 07/878 77 88 | 245 NZ$ für 4 Std. | www.waitomo.co.nz): Seilen Sie sich 100 m ab in die Kalksteinhöhle, wo es tellergroße Austernfossilien und unterirdische Wasserfälle zu sehen gibt. Für weniger Mutige wird das *Blackwater Rafting (Black Labyrinth)* mit aufgeblasenen Reifenschläuchen in einer dunklen Höhle zum Abenteuer *(Blackwater Rafting | tgl. 9–16 Uhr | 95 NZ$ | ca.*

3 Std. | Tel. 07/878 62 19 | www.blackwaterrafting. co.nz). 160 km östl.

WANGANUI

[129 D2] **Den Whanganui River nannte man vor langer Zeit den „Rhein Neuseelands" – eine Anspielung auf den Schiffsverkehr mit den um die Jahrhundertwende beliebten Flusskreuzfahrten.** Ein wenig von dieser Atmosphäre ist noch spürbar, wenn man mit dem **Insider Tipp** restaurierten Dampfschiff „Waimarie" *(Whanganui River Cruises | tgl. 14 Uhr | ca. 2 Std. | ca. 33 NZ$ | www.riverboat. co.nz)* oder per Auto dem Flussverlauf zwischen der Stadt Wanganui und Pipiriki folgt.

Die nunmehr 40000 Einwohner zählende Stadt Wanganui in der Schwemmebene wirkt etwas verschlafen, abends sogar wie ausgestorben. Besichtigen kann man die *Putiki Church* mit ihren interessanten Maori-Schnitzereien *(2 Anaua St. | Stadtteil Putiki).*

■ SEHENSWERTES ■

WHANGANUI REGIONAL MUSEUM

Enthält eine der umfangreichsten und zugleich wohl schönsten Jadesammlungen *(greenstone)* der Welt. Auch zu sehen: Kunsthandwerk und ein Kriegskanu der Maori. *Watt St./ Civic Centre | Mo–Sa 10–16.30, So 13–16.30 Uhr | 4 NZ$*

■ FREIZEIT & SPORT ■

WHANGANUI RIVER

Der Fluss ist rund 315 km lang, entspringt am Westhang des Mt. Tongariro und führt über weite Strecken durch den *Whanganui National Park*, dem er seinen Namen gegeben hat. Mit dem Kanu ist er ab Taumarunui ohne Schwierigkeiten bis Wanganui zu befahren, die 234 km sind eine Traumstrecke durch dschungelähnlichen Busch und über 240 leichte Stromschnellen *(Buchungen z.B. über Wades Landing Outdoors | Owhango | Tel. 06/895 59 95 | www.whanganui. co.nz)*. Die Beschaulichkeit wird ein wenig durch die lauten Jetboote gestört, die zumeist in *Pipiriki* starten. Ein Information Centre *(tgl. 9–17.30 Uhr | nur im Sommer)* gibt's im restaurierten Colonial House in *Pipiriki*, das Europäer Ende des 19. Jhs. bauten. Von Pipiriki bis Wanganui sind es über eine größtenteils asphaltierte, aber sehr kurvenreiche (und für Wohnmobile auch stellenweise extrem enge) Straße entlang des Flusses etwa 80 km, vorbei an den wenigen verbliebenen Maori-Siedlungen.

Begleiten Sie für 45 NZ$ Noel Petherick auf seinem „Mail Run" von Wanganui nach Pipiriki, und tragen Sie mit ihm sechs Stunden lang die Post aus – keiner kennt die Gegend

hier besser! *Mo–Fr ab 7.30 Uhr | max. 12 Personen | Tel. 06/347 75 34 | www.whanganuitours.co.nz*

■ AUSKUNFT ■

WANGANUI I-SITE

Auch Vermittlung von Unterkünften. *101 Guyton St. | Tel. 06/349 05 08 | Fax 349 05 09 | www.wanganuinz. com*

■ ZIELE IN DER UMGEBUNG ■

PALMERSTON NORTH   [129 E3]

Das großzügige Zentrum (68000 Ew.) des landwirtschaftlich bedeutungsvollen Bezirks *Manawatu* mit einem kleinen Rugby-Museum *(87 Cuba St. | Mo–Sa 10–16, So 13.30– 16 Uhr | 5 NZ$)*. 70 km südöstl.

TONGARIRO
NATIONAL PARK   [129 D–E 1–2]

Der älteste Nationalpark Neuseelands war 1887 ein Geschenk des Maori-Häuptlings Te Heuheu an die englische Krone, um die einmalige Hochlandschaft zu schützen. Am Ngauruhoe gab es in den letzten 150 Jahren 60 Eruptionen. Ein Ausbruch des Mt. Ruapehu am Weihnachtsabend 1953 kostete 151 Menschen das Leben. Die Eruptionen 1995 und 1996 waren Naturschauspiele vor verschneiter Kulisse und verliefen glimpflich. Vulkane bilden die bis zu 2796 m hohe, mächtige Kulisse eines beliebten Skigebiets, dessen Zentrum oberhalb des ❀ *Bayview Chateau Tongariro (64 Zi. | Tel. 07/892 38 09 | www.chateau.co.nz | €€–€€€)* in Whakapapa liegt, dem 1929 erbauten Luxushotel mit der Atmosphäre englischer Herrensitze. Der Sessellift ist auch sommers in Betrieb, und Sie können (auch geführte) Tagesausflüge an den Kraterrand machen *(Buchung Tel. 06/892 37 38 | ca. 45 NZ$ | 9.30 Uhr ab Liftstation Whakapapa)*. Am Hotel und im *Whakapapa Village* – mit Campingplatz *(Tel. 07/892 38 97 | www.whakapapa.net.nz)* und Ranger-Station mit Displays über die Vegetation und Bergwelt des Parks *(tgl. 8–17 Uhr | Eintritt frei)* – beginnen herrliche Wanderungen, wie etwa der **Insider Tipp** anstrengende Tagesausflug „Tongariro Crossing". Im Ort *National Park (an der Kreuzung Hwy. 4 und 47)* gibt es Einkaufsmöglichkeiten und gute, preiswerte Unterkünfte. *290 km nordöstl.*

WELLINGTON

▦ **KARTE IN DER HINTEREN UMSCHLAGKLAPPE**

[129 D5] „Windy" ist der Beiname der Stadt Wellington, pfeift hier doch fast jeden Tag ein herber Wind durch die Hochhäuserschluchten in der City und über die Hügel mit ihren hübschen Einfamilienvillen aus Holz. Der *Lookout* auf dem 196 m hohen Hausberg Mt. Victoria erlaubt einen ausgesprochen herrlichen Blick über die ganze Stadt und den Hafen Port Nicholson bis hin zu dem Stadtteil Petone. Hier wurde Wellington 1839 gegründet; und hier kämpfte der Zimmermann Samuel Parnell schon ein Jahr später für den 8-Stunden-Tag. Die 23 km breite *Cook Strait* trennt die Nordinsel von der Südinsel. In der Ferne erblickt man den Flughafen. Vor allem rund um Wellingtons Haupteinkaufsstraße *Lambton Quay*, die vor der Landgewinnungsmaßnahme und einem Erd-

beben 1855 noch Meeresküste war, geht es geschäftig zu. Doch von Hektik ist selbst im Regierungsviertel wenig zu spüren.

■ SEHENSWERTES

BEEHIVE/PARLIAMENT HOUSE/ GOVERNMENT BUILDING

In dem Rundbau, der tatsächlich aussieht wie ein Bienenkorb, sind die Ministerien untergebracht. Mit dem 70 m hohen Gebäude sind die Parliament Buildings verbunden. Im Plenarsaal (eine Kopie des englischen Westminster) können Zuschauer die Rededuelle verfolgen. 120 Abgeordnete regieren hier über Neuseeland, davon sieben Vertreter der Maori. Gegenüber liegt das Government Building (1876). Es ist das zweitgrößte hölzerne Gebäude der Welt – auch wenn es wie ein Steinbau wirkt. *Tgl. kostenlose Führungen jeweils zur vollen Stunde Mo–Fr 10–16, Sa 10–15, So 12–15 Uhr (Parlamentsgebäude und Bücherei) | Reservierung unter Tel. 04/471 95 03 | Government Buildings | Mo–Fr 9 bis 16.30, Sa/So 10–15 Uhr*

BOTANIC GARDENS

Der Botanische Garten aus dichtem Busch und exotischen Pflanzen ist der Mittelpunkt einer etwa 90-minütigen individuellen Rundtour, die an der ☀★*Cable Car (280 Lambton Quay)* ihren Ausgang nimmt. Das kleine Bähnchen transportiert Sie auf 122 m Höhe zum Wellingtoner Stadtteil Kelburn. Danach führt der Weg durch den 22 ha großen Botanischen Garten zum *Lady Norwood Rose Garden* mit knapp 2000 verschiedenen Rosensorten *(Blütezeit Nov.–April)* und über den *Bolton Street Memorial Park* mit den Grabstätten einflussreicher Bürger zurück in die Stadt.

KATHERINE MANSFIELD HOUSE

Geburtshaus der durch ihre Kurzgeschichten weltberühmt gewordenen Autorin (1888–1923). In dem schlichten, aber aufwendig renovierten Haus lebte Katherine Mansfield fünf Jahre lang. *25 Tinakori Rd. | tgl. 10–16 Uhr | 6 NZ$*

MUSEUM OF WELLINGTON CITY AND SEA

Originell wird hier die Geschichte der Seefahrerstadt aufbereitet. *The Bond Store | Queens Wharf | Dez.–März tgl. 10–18, sonst bis 17 Uhr | 5 NZ$*

THE NATIONAL TATTOO MUSEUM

Tiefe Einblicke in die Welt des Tattoo bzw. *Moko* auf Maori, bei den Polynesiern von großer Bedeutung. *42 Able Smith St. | Di–Sa 12–17.30 Uhr | 5 NZ$ | www.mokomuseum.org.nz*

TE PAPA
(MUSEUM OF NEW ZEALAND)

Schwerpunkte des hypermodernen Prunkstücks bilden Natur, polynesische Geschichte und Besiedlung des Landes. Der Eintritt ist kostenlos, jedoch nicht die Benutzung der High-Tech-Simulatoren. Der Souvenirshop **Insider Tipp** ist einen Besuch wert: Hier können Sie kunstvolle Briefkarten und schönen Schmuck erwerben. *Cable St. | Fr–Mi 10–18, Do 10–21 Uhr | www. tepapa.govt.nz*

WETA CAVES

Ein faszinierender Blick in die Geheimnisse der Filmanimation: *Weta* ist das Trickstudio von Peter Jackson

Wer mit der Cable Car den Hügel erklimmt, genießt einen tollen Blick auf Wellington

(Regisseur von „Herr der Ringe"). Zum Anfassen gibt es jede Menge Souvenirs. *Cnr Camperdown Rd./ Weka St. | Miramar | Di–Fr 11–18, Sa 10–16 Uhr | www.wetanz.co.nz*

■ ESSEN & TRINKEN

Wellington besitzt ausgezeichnete Restaurants mit Hauptstadtpreisen, z.B. entlang des *Courtenay Place* und in der *Upper Cuba St.* Für gesundheitsbewusste Selbstversorger interessant sind *Commonsense Organics (260 Wakefield Street)*. und *Moore Wilson's Fresh Market (Ecke Tory St./College St.)*. Eins a Fleischwaren verkauft *M(eat) on Tory (5 Tory St.)*. Nebenan verführt **Shoc Chocolates** *(11 Tory St.)* zum Naschen.

Insider Tipp

CAFÉ GLOBE ▶▶

Wer guten Kaffee und preiswertes Essen schätzt, sollte hier einkehren. *213 Cuba St. | tgl. Frühstück, Lunch, Dinner | Tel. 04/385 25 66 | €*

KAI IN THE CITY

„Kai" bedeutet in der Maori-Sprache „Essen" und entsprechend weist die Karte ein paar Gerichte der traditionellen Maori-Küche auf (z. B. Seeigel). *21 Marjoribanks St. | Tel. 04/ 801 50 06 | €€*

SHED 5

Ehemaliges Lagerhaus am Hafen, jetzt ein beliebter Treff mit einfallsreicher Küche. *Am City and Sea Museum | tgl. Lunch/Dinner | Tel. 04/ 499 90 69 | €€ – €€€*

■ EINKAUFEN

Ausgefallenen Schmuck und Holzschnitzprodukte bekommt man bei *Iwi Art (19 Tory St.)*, bei *Ora (23 Allen St.)* und nebenan in der *Kura Gallery* sowie bei *Iko Iko (118 Cuba Mall)*.

■ ÜBERNACHTEN

Man zahlt einen Hauptstadtzuschlag, aber gute Wochenendangebote gibt es vor allem in den Hotels der oberen Kategorien.

IBIS HOTEL 📶

Mitten in der City gelegen mit sehr günstigem Preis-Leistungs-Verhältnis, aber nur wenigen Parkmöglichkeiten. *200 Zi. | 153 Featherston St. | Tel. 04/496 18 80 | Fax 496 18 81 | www.accorhotels.co.nz | €€*

THE WELLESLEY BOUTIQUE HOTEL

Der frühere Club der Holzbranche ist heute ein charmantes Hotel mit gediegener Ausstattung und klassischer Holzvertäfelung, zentral gelegen. *13 Zi. | 2–8 Maginnity St. | Tel. 04/ 474 13 08 | Fax 473 19 13 | www.the wellesley.co.nz | €€€*

■ FREIZEIT & SPORT
BADEN

Die Strände der Wellingtonians liegen an der *Oriental Parade* (nahe der Innenstadt), *Island Bay* und *Lyall Bay* (mit Blick auf die Südinsel) sowie *Days Bay* in Muritai bzw. im feineren Stadtteil *Eastbourne*. Stellenweise hat das Wasser aber keine Badequalität.

■ AM ABEND

Am Courtenay Place sind z.B. die Kneipen ▶▶ *The Coyote* und ▶▶ *The Grand* zu empfehlen. Nach 22 Uhr verwandeln sich viele Pubs in Disko-

theken. Veranstaltungen unter *www.
wotzon.com*

FÄHREN

INTERISLAND FERRY

Die Fähre von *TranzRail* fährt drei-
mal täglich in gut drei Stunden von
der Nord- zur Südinsel *(ab Aotea
Quay | ca. 2 km vom Zentrum | Tel.
0800/80 28 02 und 04/498 33 02 |*

AUSKUNFT

WELLINGTON I-SITE

*101 Wakefield St. Civic Square | Tel.
04/802 48 60 | Fax 802 48 63 | www.
wellingtonnz.com*

ZIEL IN DER UMGEBUNG

PARAPARAUMU   [129 D4]

An dem kleinen Ort könnte man leicht
vorbeifahren. Tut man aber nicht,

Setzen, stellen, legen? Ausgefallenes Holzschnitzwerk in der Kura Gallery

www.interislander.co.nz). An den
Wochenenden und zu Hauptferien-
zeiten unbedingt reservieren! Stand-
by-Tarife sind übrigens nicht preiswerter! Alternativ: Die *Bluebridge*-
Fähre legt am Terminal gegenüber
dem Hauptbahnhof von Wellington
ab *(4-mal tgl. | Tel. 0800/84 48 44
oder 04/471 61 88 | www.bluebridge.
co.nz)*.

denn auf der *Lindale Farm (SH 1
nördl. von Paraparaumu | tgl. 9–17
Uhr)* gibt es außer einer sehr guten
Käsefabrik auch tolles Eis. Sehenswert ist ca. 1,5 km entfernt das *South-
ward Car Museum (am SH 1 | Otai-
hanga Rd. | tgl. 9–17 Uhr | 10 NZ$ |
www.southward.org.nz)* mit 200 Old-
timern, darunter das Cadillac-Cabrio
von Marlene Dietrich. *50 km nördl.*

Insider
Tipp

> GÄRTEN, GLETSCHER UND GEBIRGE

Auf der Südinsel hat sich die Natur als selten ideenreicher Landschaftsgärtner ausgetobt

> Eifrig wirbt die neuseeländische Tourismusindustrie mit den Reizen der Südinsel. Hier gibt es (fast) alles: Hochgebirge mit schneebedeckten Gipfeln und Gletschern; Wanderstrecken durch grünen Busch; karge, von Schafen bevölkerte Hochplateaus; klare, riesige Seen; eine abwechslungsreiche Küste mit Stränden, von denen selbst Südseeinsulaner träumen.

Keiner wird Ihnen verübeln, wenn Sie sich verzaubern lassen und etwas mehr Zeit für die Süd- als für die Nordinsel einplanen. Schließlich ist der Süden mit 150 700 km² um etwa 20 Prozent größer als die Nordinsel. Zudem locken überall landschaftliche Kleinode, oft menschenleer.

AORAKI MT. COOK

[133 E1] „Aoraki" (oder „Aorangi") nennen ihn die Maori, „der Berg, der durch die

Bild: im Fiordland National Park

DIE SÜDINSEL

Wolken stößt". Auf neueren Karten stehen sowohl Mt. Cook als auch Aoraki. Er ist immer noch der höchste Berg Neuseelands, obwohl er im Dezember 1991 beachtliche 14 Mio. m³ Felsen und Gletschereis lassen musste. An diesem Tag nämlich brachen von der Bergspitze 10 m ab. Seine exakte Höhe beträgt nun 3754 m. Aber der Aoraki hüllt seinen Gipfel ohnehin an rund 240 Tagen im Jahr in dichte Wolken, sodass der „neue" Gipfel wohl nur wenigen auffällt. Ob sich der 55-km-Ausflug vom State Highway (SH) 8 aus Richtung Mount Cook (Ort) über den gut ausgebauten Hwy. 80 lohnt, hängt deshalb in erster Linie vom Wetter ab *(Auskunft Tel. 03/ 435 11 86)*. Der Ort Mount Cook bietet, abgesehen von seiner Lage vor der Bergkulisse, nur einige abgeschieden gelegene, meist teure Unterkünfte. Es gibt als Alternative einen Campingplatz, aber kaum Restaurants.

AORAKI MT. COOK

■ ÜBERNACHTEN ■

THE HERMITAGE HOTEL
Renoviertes Luxushotel mit ❄ Panoramarestaurant am Fuß des Mt. Cook. *104 Zi. | Tel. 03/435 18 09 |*

■ AUSKUNFT ■

AORAKI MT. COOK NATIONAL PARK VISITOR CENTRE
Tel. 03/435 11 86 | www.mtcook.org. nz

Seltener Anblick: der 3754 m hohe Aoraki Mt. Cook bei klarem Wetter

Fax 435 18 79 | www.mount-cook. com | €€€

MOUNT COOK YOUTH HOSTEL
Einzige preiswerte Unterkunft. *70 Zi. | NP, Bowen/Kitchener Dr. | Tel./Fax 03/435 18 20 | www.yha.co.nz | €*

■ FREIZEIT & SPORT ■

GRAND TRAVERSE ⭐ ❄
In Lake Tekapo, Franz Josef und Fox Glacier (beide Westküste) starten Flüge zur „Grand Traverse" um den Berg. *(Air Safaris | ca. 280 NZ$ | Tel. 03/680 68 80 | www.airsafaris.co.nz)*

■ ZIELE IN DER UMGEBUNG ■

LAKE TEKAPO ❄   **[133 E1]**
Ein Panorama wie gemalt: Am türkisfarbenen Lake Tekapo liegt eine kleine, aus grobem Stein gebaute Kapelle *(Church of the Good Shepherd)*, im Hintergrund schneebedeckte Berge. Seine einmalige Farbe verdankt der in 710 m Höhe liegende See feinstem Steinpuder, den Gebirgsbäche von den Gletschern in das kalte Wasser schwemmen. Lake Tekapo ist Teil des Mackenzie Country, eines welligen Hügellandes, das sich hervorragend für Ski- und Wandertouren

eignet. Eine nette Unterkunft in Lake Tekapo ist das von Schweizern geführte *The Chalet (6 Apts. | Tel. 03/ 680 67 74 | Fax 680 67 13 | www.the chalet.co.nz | €€–€€€).* Auf den See blickt das ❄️*Scenic Resort* am SH 8 *(18 Zi. | Tel./Fax 03/680 68 08 | www. laketekapo.com | €€).* Info: *www.lake tekapountouched.co.nz*

TASMAN GLACIER ❄️   [133 E1]

29 km Länge und bis zu 2 km Breite misst der eindrucksvolle Gletscher. 13 km lange Skiabfahrten werden von Helikopterunternehmen angeboten. Die Fahrt zur Gletscherzunge führt mit dem Auto vom Ort Mount Cook aus Richtung Blue Lake *(ca. 8 km).* Vom Parkplatz bis zum Glacier Terminal geht man 20 Min. zu Fuß. *Alpine Guides | Mount Cook, Ausrüstung wird verliehen | Juni–15. Okt. tgl. 3*

Flüge | ca. 750 NZ$ (2 × 10 km Abfahrt und drei Rundflüge | mit Führung) | Tel. 03/ 435 18 34 | www.alpi neguides.co.nz, www.heliskiing.co.nz

CHRIST-CHURCH

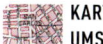 **KARTE IN DER HINTEREN UMSCHLAGKLAPPE**

[131 D5] In Christchurch, wo mit 320 000 Menschen mehr als ein Drittel der Südinselbevölkerung lebt, lässt es sich gut aushalten. Die feinen Sandstrände am Pazifik und die nahen Wintersportmöglichkeiten in den neuseeländischen Alpen garantieren einen hohen Freizeitwert. Das Straßennetz quadratisch angelegt, ein Drittel der Stadtfläche blühende Parkoasen, nur vereinzelt ein höheres Haus in der In-

MARCO POLO HIGHLIGHTS

⭐ **Observation Point**
Das „Southern Cross" zum Greifen nah (Seite 93)

⭐ **Milford Sound**
So etwas wie das Heiligtum unter Neuseelands Naturwundern (Seite 97)

⭐ **Otago Peninsula**
Imposante Königsalbatrosse krönen jeden Besuch der Halbinsel (Seite 73)

⭐ **Abel Tasman National Park**
Traumstrände säumen den naturbelassenen Regenwald (Seite 82)

⭐ **Marlborough Wine Trail**
Durch die Rebenfelder um Blenheim (Seite 85)

⭐ **Kaikoura**
Vor der rauen Küste geben sich stattliche Wale ein Stelldichein (Seite 85)

⭐ **Queenstown**
Mit „Action and Fun" bringt der quirlige Ferienort seine Gäste auf Touren (Seite 86)

⭐ **Akaroa**
Ausgesprochen charmant zeigt Neuseeland hier seine französischen Wurzeln (Seite 69)

⭐ **Gletscherflüge**
Bei den ausgedehnten Rundflügen genießen Sie atemberaubende Ausblicke (Seite 64, 74)

nenstadt – das ist die Metropole der Südinsulaner. Geschützt vor den Westwinden durch die Alpenkette, liegt die Gartenstadt am Rand der fruchtbaren Canterbury-Ebene. Eine sorgsam restaurierte Tramway fährt eine 2,5 km lange Strecke durch die Innenstadt – gut für einen ersten Überblick *(www.tram.co.nz)*. Für das ehrwürdige Flair der von frommen englischen Siedlern gegründeten Stadt sorgen vor allem die architektonischen Leistungen Benjamin Mountforts. Die 1858–65 erbauten Canterbury Provincial Government Buildings sind typisch für seinen Stil; er entwarf auch das Canterbury Museum, den Clock Tower und die Great Hall der Universität von Canterbury (heute Arts Centre) und das Christ's College.

◼ SEHENSWERTES
ARTS CENTRE ▶▶

Das Gebäude von 1870 beherbergte bis 1970 die Universität von Canterbury. Heute ist es Treffpunkt und Kulturzentrum für die junge Szene mit Cafés und Bars sowie originellen Kunstgeschäften. An Wochenenden findet auf dem Gelände ein großer Kunst- und Geschenkmarkt statt – ein sehr stimmungsvoller Kontrast zu der mit ihrer riesigen Glasfassade eher kühl, aber imposant wirkenden *Christchurch Art Gallery* schräg gegenüber *(www.christchurchartgalle ry.org.nz)*. *Information Centre im Clock Tower | Worcester Blvd./Rolleston Ave. | tgl. 8.30–17 Uhr | Eintritt frei | www.artscentre.org.nz*

BOTANIC GARDENS/HAGLEY PARK

Durchqueren Sie die grüne Oase von Christchurch mit einem Kanu auf dem romantischen Avon River. *Antigua Boat Sheds* mit hübschem Terrassencafé | *2 Cambridge Terrace (an der Rolleston Ave.) | tgl. 9–16.30 Uhr | 15 NZ$/Std. pro Kanu*

Inside Tipp

CANTERBURY MUSEUM

Interessant in dem Mountfort-Bauwerk sind v.a. die Dokumentationen zur Maori-Kultur, der Saal zur Antarktisforschung von den Anfängen bis heute sowie die Nachbildung einer Straßenzeile des kolonialen Christchurch. *Rolleston Ave. | gegenüber dem Arts Centre | tgl. 9–17.30 Uhr | Eintritt frei (Spende erwünscht)*

CANTERBURY PROVINCIAL GOVERNMENT BUILDINGS

Gutes Beispiel für den neugotischen Baustil, dem sich einst die Stadtväter für die bedeutendsten Bauwerke verschrieben hatten. Schön ausge-

schmückt: der Sitzungssaal. *Durham/Gloucester St. | Mo–Fr 9–16 Uhr*

CHRIST CHURCH CATHEDRAL

133 Stufen führen fast zur Spitze des 65 m hohen Kirchturms von 1864. Der Cathedral Square ist Mittelpunkt der Stadt und im Sommer Treff für Gaukler, Touristen und *locals. Mo–Fr 8.30–17, im Sommer bis 19.30, Sa 9–17, So 11.30–17 Uhr | Führungen Mo–Fr 11 und 14, Sa 11, So 11.30 Uhr*

CHRIST'S COLLEGE

Feinste Privatschule für Jungen, die als Schuluniform graue Nadelstreifenanzüge tragen. *Rolleston Ave., neben dem Canterbury Museum | unregelmäßige Führungen*

FERRYMEAD HISTORIC PARK

Sehr weitläufiges Freilichtmuseum (Schwerpunkt Transport und Feuerwehr). Im Sommer und am Wochenende fahren alte Dampflokomotiven und Straßenbahnen auf dem Gelände. 1863 verkehrte die erste Dampflok Neuseelands in Ferrymead. Das Museum dient auch als tolle Kulisse für das *Tamaki Heritage Village.* Aufgeführt wird ein spannender, dramaturgisch aufwendiger Rückblick in die Zeit um 1800, jener Epoche vieler Konflikte zwischen Maori und frühen Siedlern. Die sehenswerte Show rundet ein *Hangi* ab *(Tel. 03/366 73 33 | www.christchurchinfo. co.nz). 269 Bridle Path Rd. | tgl. 10 bis 16 Uhr | www.ferrymead.org.nz*

INTERNATIONAL ANTARCTIC CENTRE

Ein paar Gehminuten vom Airport und 3800 km von der neuseeländischen *Scott Base* in der Antarktis entfernt. Eindrucksvolle Ausstellung über die Antarktis. *Okt.–März tgl. 9–*

20, April–Sept. tgl. 9–17.30 Uhr | Orchard Rd. | www.iceberg.co.nz

WIZARD

Offiziell ein „lebendes Kunstwerk", verzaubert der in die Jahre gekommene Magier nach Lust und Laune auf dem Square seine Zuhörer mit Philosophien täglichen Sinns und Unsinns. Die Landkarte des australischen Ex-Universitätsprofessors zeigt Neuseeland und Australien ganz oben, Europa *down under*. Sehr beliebtes Souvenir (gibt's in der i-Site). *Auftritte unregelmäßig, meist Mo–Fr gegen 13 Uhr*

▓ ESSEN & TRINKEN ▓▓▓▓

Gute Restaurants gibt es in der *Oxford Terrace (zwischen Hereford St. und Gloucester St.)* sowie rund um die Kreuzung *High St./Lichfield St.*

DUX DE LUX ▶▶

Diverse Restaurants und Bars unter einem Dach im stilvollen Arts Centre. *Hereford/Montreal St. | tgl. Lunch, Dinner | Tel. 03/366 69 19 | €–€€*

Insider Tipp POSEIDON 🔊

Tolle Terrasse auf dem Strand, ideal für Frühstück, Mittagessen und Kaffee. *25 The Esplanade | Sumner | Tel. 03/326 70 90 | €€*

▓ ÜBERNACHTEN ▓▓▓▓

CROYDON HOUSE

B & B im Stadthaus der 1920er-Jahre, wenige Minuten vom Arts Center und Cathedral Square entfernt. Gemütliche Zimmer mit Duschbad, zwei Cottages im ruhigen Garten. Deutschsprachige Besitzer mit guten Landeskenntnissen. *11 Zi. | 63 Armagh St. |*

Tel. 03/366 51 11 | Fax 377 61 10 | www.croydon.co.nz | €€

THE HUNTLEY

Sehr gemütliches Haus mit viktorianischer Atmosphäre, gepflegter Gartenanlage und guter Küche, ca. zehn Fahrminuten von der City entfernt. *17 Zi. | 67 Yaldhurst Rd. | Tel. 03/ 348 84 35, 341 68 33 | www.huntley house.co.nz | €€€*

SUMNER MOTEL

Mitten in Sumner, Christchurchs gemütlichem Seebad (20 Min. Fahrt, gute Busverbindungen) mit hübschen Cafés, tollem Sandstrand und 1,5 km langer Promenade. *12 Zi. | 26 Marriner St. | Tel. 03/326 59 69 | Fax 326 49 69 | www.sumnermotel.co.nz | €€*

▓ FREIZEIT & SPORT ▓▓▓

PUNTING ON THE AVON

Ab *Town Hall* oder *Anleger Worcester St./Oxford Terrace* schaukeln Gondolieri Sie auf dem River Avon.

▓ AM ABEND ▓▓▓▓

Beliebt sind die Kneipen entlang der *Oxford Terrace (zwischen Cashel Mall und Gloucester St.)* sowie an der *Ecke High/Lichfield St.* Rund um diese Kreuzung pulsiert das neue ▶▶ Szenezentrum von Christchurch, Insid Tip viele Bars und Restaurants findet man in restaurierten ehemaligen Lagerhallen, z.B. *Vespa Room (Poplar Lane)* und *Minx (98 Litchfield St.)*. Die historischen *Canterbury Provincial Chambers* erfüllt *Torenhof* mit belgischer Bierlaune und Muscheln mit Fritten *(88 Armagh St.)*. Ein Kasino befindet sich am *Crown Plaza Hotel (Victoria St.)*.

DIE SÜDINSEL

■ AUSKUNFT

CANTERBURY I-SITE
Cathedral Square | *Tel. 03/379 96 29* | *Fax 377 24 24* | *www.christchurch nz.net*

■ ZIELE IN DER UMGEBUNG

BANKS PENINSULA   [131 D6]
Noch heute schlägt das Städtchen
★ *Akaroa* mit französischen Stra-

Hotels und Restaurants im Ort sowie zwei Weingüter 6–8 km westlich der Stadt. *Visitor Information* | *80 rue Lavand* | *Tel./Fax 03/304 86 00* | *www.akaroa.com. 82 km südöstlich*

HANMER SPRINGS   [131 D4]
Etwas verschlafenes, aber charmantes Heilbad. Die modernen, heißen *Thermal Pools (tgl. 10–21 Uhr* |

Die Hafeneinfahrt von Akaroa, gefühltes Frankreich *down under*, ziert ein kleiner Leuchtturm

ßenschildern und dem historischen *Langlois-Eteveneaux-Haus (Rue Lavaud/Balguerie* | *tgl. 10–16.30 Uhr* | *8 NZ$)* touristischen Nutzen daraus, dass hier die Franzosen am 11. Februar 1840 versuchten, Neuseeland ihrem Kolonialreich einzuverleiben. Aber da galt bereits seit 5 Tagen der Vertrag von Waitangi zwischen Engländern und Maori. Sehr schöne Badestrände gibt es in der Okains Bay,

12 NZ$) mit 38 Grad sind eine Erlebnislandschaft *(www.hotfun.co.nz, www.hurunui.co.nz). 135 km nördl.*

LYTTELTON HARBOUR   [131 D5]
Wichtigster Hafen Neuseelands und wirtschaftliches Rückgrat der Südinsel sowie Standort einer russischen Fischfangflotte und Ausgangspunkt diverser großer Antarktisexpeditionen. Punkt 13 Uhr schlägt die *Time-*

ball Station (1876) in einem burg-turmähnlichen Gebäude oberhalb des Hafens den Schiffsbesatzungen die Stunde. Entlang der *London St.* haben sich kleine Restaurants *(z. B. Volcano | Tel. 03/328 70 77 | €€)*, Cafés und Galerien etabliert. Abends heißt der „place to be" ☆ *Wunderbar*, eine Kneipe im Hinterhof des Supermarkts *(19 London St.)* mit tollem Blick auf den Hafen. Samstagvormittags trifft man sich auf dem ▶▶ *Farmers Market (36 Oxford St.)* zwischen regionalen und lokalen Spezialitäten. Info in der *I-Site | Tel. 03/328 90 93. 5 km östlich*

Insider Tipp

SUMMIT ROAD ☆   [131 D5]

Sehr reizvolle Halbtagestour über die *Port Hills,* die den Hafen Lyttelton von Christchurch trennen. Über diese Hügel mussten 1850 die ersten Siedler mühsam ihr Hab und Gut schleppen. Man fährt durch den Stadtteil Cashmere bis zum Restaurant *Sign of the Takahe (tgl. 10–11, 14.30–16 Uhr),* gut geeignet für eine Teepause, und zum *Sign of the Kiwi,* dann über die Summit Road (unterhalb der Gondolastation) und die Evans Pass Road über den hübschen Badeort Sumner und New Brighton zurück. Eine wunderbare Aussicht genießt, wer mit der ☆ Seilbahn *Mt. Caven-dish Gondola* auf die 446 m hohen Port Hills fährt *(am Hwy. 74 zum Straßentunnel nach Lyttelton, be-schildert | tgl. ab 10 Uhr bis spät-abends | www.gondola.co.nz).*

Spektakulär und nicht schwierig ist die Summit Road per Mountainbike zu bewältigen. *The Mountain Bike Adventure Co.* zeigt Wege abseits des Asphalts *(Tel. 03/339 40 20 | www.cy clehire-tours.co. nz). 4 km östlich*

TRANZALPINE EXPRESS ☆

Auf der 4,5-stündigen Fahrt von Christchurch *(Bahnhof in Addington | Clarence St. | Abfahrt 8.15, zurück in Christchurch 18 Uhr)* nach Grey-mouth [130 B4] an der Westküste durchquert der Zug den landschaft-lich traumhaften *Arthur's Pass. 120 NZ$ hin und zurück | rechtzeitig im Reisebüro reservieren | Tel. 0800/ 87 24 67 | www.tranzscenic.co.nz*

DUNEDIN

KARTE IN DER HINTEREN UMSCHLAGKLAPPE

[133 E4] **Ein Stück Schottland am Ende der Welt. 1848 von schottischen Einwan-derern gegründet, erhielt die Ansiedlung den alten gälischen Namen für Edinburgh: Dunedin (sprich Daniedin).** „It's all right here", verkünden Dunedins Touristi-ker und vergleichen sich in einem Atemzug mit Köln und Cornwall, mit Kalifornien und Cambridge. Sicher ist: Dunedin ist die größte Stadt Ota-gos, jener Region zwischen Küste und Queenstown. Ihren Wohlstand, im 19. Jh. durch den Goldrausch erlangt, de-monstriert die Stadt mit prachtvollen Bauten. Fachleute sprechen von der weltweit am besten erhaltenen Stadt im viktorianischen Baustil. Platznot in der hügeligen Landschaft zwang die Einwohner, ihre Häuser auch an den Hängen zu errichten – für Neuseeland im letzten Drittel des 19. Jhs. eine un-gewöhnliche städteplanerische Ent-scheidung. Dunedins wirtschaftlicher Erfolg schien sich fortzusetzen, als 1882 das erste Kühlschiff den Hafen Port Chalmers mit Gefrierfleisch ver-ließ. Den Ausbau des lukrativen Fleischexports riss schließlich Christchurch an sich. Dafür kann Dunedin stolz behaupten, die Geburtsstadt Thomas Brackens zu sein. Er schrieb „God Defend New Zealand", den Text der neuseeländischen Nationalhymne.

■ SEHENSWERTES ■

BAHNHOF

Nur noch der *Taieri Gorge Train (s. S. 73)* startet 1- bis 2-mal tgl. in der Station. Das tut ihrem Fußboden mit Bildmotiven aus 725 760 Mosaiksteinchen nur gut. Der 1907 im flämischen Renaissancestil errichtete Bau brachte dem Architekten George A. Troup den Spitznamen *Gingerbread George* ein – wegen der an Pfefferkuchen erinnernden Fassade. *Anzac Ave.*

OLVESTON HOUSE

Das Haus der Familie Theomin (1906) ist fast überladen mit interes-santen Kleinigkeiten und wertvollem Geschirr aus Delft. *42 Royal Terrace | tgl. 6 Führungen (vorher buchen) | Tel. 03/477 33 20 | www.olveston.co.nz*

OTAGO MUSEUM

Ausgezeichnete Ausstellung über Leben und Kultur im Southland: „Southern Land – Southern People". *419 Great King St. | tgl. 10–17 Uhr, Führung tgl. 15.30 Uhr (10 NZ$) | Eintritt frei bzw. gegen Spende | www.otagomuseum.govt.nz*

UNIVERSITY OF OTAGO

17 000 Studenten besuchen die älteste, renommierteste Uni Neuseelands – zehn Prozent der Einwohner Dunedins. Ein Rundgang über den Campus zeigt die neugotische Architektur des Clock Tower. *Leith St.*

Dunedins prachtvolle Bauten verdanken ihre Entstehung dem Goldrausch des 19. Jhs.

DUNEDIN

WALK THE CITY

35 historische Gebäude der *City of Grace and Grandeur* werden in einer Broschüre beschrieben, die Leitfaden für eine interessante Stadtbesichtigung ist *(erhältlich in der i-Site)*. Ausgangspunkt ist das Octagon, ein achteckiger Platz, an dem sich die

BACCHUS WINE BAR

Gute Weine, leichte und einfallsreiche Karte. *12 The Octagon | Mo–Sa Lunch/Dinner | Tel. 03/474 08 24 | €€*

MAZAGRAN ESPRESSO BAR

Ein besonderes Kaffee-Erlebnis mit dem herrlichen Aroma frisch gemah-

Ihr Durchmesser beträgt bis zu 4 m: die Moeraki Boulders, 4 Mio. Jahre alte Gesteinsblasen

Straßen aus allen Himmelsrichtungen treffen.

lener Bohnen in der Luft. *36 Moray Place*

■ ESSEN & TRINKEN ■■■■■

Gute Kneipen und Restaurants gibt es am *Octagon*, am nahen *Moray Place* und der *George Street (ab Octagon)*. Am schönen *St. Clair Beach* empfiehlt sich das *Esplanade Restaurant* für Lunch und Dinner *(mediterrane Küche | 5/250 Forbury Rd. | Tel. 03/456 25 44 | €€)*.

■ ÜBERNACHTEN ■■■■■

NISBET COTTAGE

Gemütliches B & B mit tollem Frühstück und einer Gastgeberin, die als Biologin alles über die Natur in der Umgebung weiß. Geführte Touren in deutscher Sprache *(www.nznature guides.com)*. *3 Zi. | 6a Elliffe Place | Tel. 03/454 51 69 | Fax 454 53 69 | €€*

> *www.marcopolo.de/neuseeland*

MOTEL ON YORK

Sehr gepflegte Zimmer, nahe am Octagon und der George Street (Restaurants). *23 Zi. | 47 York Place | Tel. 03/477 61 20 | Fax 477 61 22 | www. motelonyork.co.nz | €€*

▓ FREIZEIT & SPORT ▓

TAIERI GORGE RAILWAY

Wenn Sie eine besondere Fahrt von Dunedin bis Queenstown [132 C3] machen wollen: Die 2-stündige Eisenbahnfahrt in nostalgischen Waggons führt durch die saftig-grüne Landschaft Otagos und mächtige Schluchten nach Pukerangi, dann weiter etwa vier Stunden mit dem Bus *(120 NZ$, nur Zugfahrt hin und zurück 60 NZ$ | Okt.–März tgl. 14.30, sonst 12.30, in der Hauptsaison auch 9.30 Uhr | Tel. 03/477 44 49 | www.taieri.co.nz).*

▓ AUSKUNFT ▓

DEPARTMENT OF CONSERVATION

Interessierte erhalten eine Broschüre über den Otago Goldfields Heritage Hwy. *(www.goldfieldstrust.org.nz). 77 Lower Stuart St. | Tel. 03/477 06 77 | Fax 477 86 26*

DUNEDIN I-SITE

48 The Octagon | Tel. 03/474 33 00 | Fax 474 33 11 | www.dunedinnz.com, www.cityofdunedin.com

▓ ZIELE IN DER UMGEBUNG ▓

CATLINS   [132–133 C–D5]

Wildes Buschland, idyllische Wasserfälle und einsame Buchten – die Catlins zwischen Invercargill und Balclutha gehören noch zu den echten Geheimtipps Neuseelands. Besonders sehenswert sind der verstei-

nerte Wald an der Curio Bay und die majestätischen Cathedral Caves. Die Broschüre „Southern Scenic Route" beschreibt die Tour und gibt es in der i-Site in Dunedin *(www.catlins.org. nz).* Mehrtägige Touren und Unterkunft organisieren *Catlins Wildlife Trackers* in Papatowai *(Tel./Fax 03/415 86 13 | www.catlins-ecotours. co.nz). 120 km südl.*

MOERAKI BOULDERS   [133 F3]

80 km nördlich von Dunedin, am Hwy. 1, liegen am Strand riesige Steinkugeln, deren Umfang bis zu 4 m beträgt. Geologen zufolge sind diese „Gesteinsblasen" aus feinen Kristallen vor über 4 Mio. Jahren durch vulkanische Aktivität entstanden. Café oberhalb des Strandes. Nicht verpassen: Etwa 1 km entfernt, in Moeraki Village am alten Jetty, gibt es mit dem urigen *Fleur's Place* **Insider Tipp** ein tolles Fischrestaurant mit eigener Räucherei. Probieren Sie *Muttonbird* (Sturmtaucher), eine Delikatesse der Maori *(Lunch/Dinner | Tel. 03/439 44 80 | €€).*

OTAGO PENINSULA ★   [133 E4]

Zumindest einen Tag sollten Sie für die bezaubernde Halbinsel bei Dunedin mit der sanft geschwungenen Parklandschaft einkalkulieren. In Otakou (die Europäer wandelten den Namen in Otago ab) begann die Besiedlung der Halbinsel durch die Maori. Die schmale Straße, die sich 60 km an der Küste der Halbinsel entlangwindet, endet am *Taiaroa Head* an der einzigen Festlandkolonie von Albatrossen. Hier fühlen sich auch Robben, Pinguine und Kormorane wohl. In der Albatroskolonie

(24. Nov.–16. Sept. | 35 NZ$ | Tel. 03/478 04 99 | www.albatross.org.nz) können Sie mit etwas Glück und einem Fernglas die Vogelpaare zwischen November und Januar beim Brüten beobachten. Im Januar und Februar schlüpfen die Küken, die 100 Tage von den Eltern im Nest gefüttert werden. Was man als Besucher in der Kolonie der mächtigen, bis zu 8 kg schweren Seevögel mit einer Flügelspannweite von ca. 3,5 m nicht sehen kann, zeigt das Infozentrum in einem Videofilm.

Gegenüber dem Infozentrum führt ein Weg zum *Natures Wonders Otago (Tel. 0800/24 64 46 | www.natureswondersnaturally.com)*. Mit kleinen Allradautos wird man zu Stränden mit Pinguinen und Robben gebracht. Howard McGrouther ist mit seinem *Penguin Place (tgl. bis zu zehn 90-min. Führungen | 27 NZ$ | Tel. 03/478 02 86 | www.pengiunplace.co.nz)* eine Alternative und zeigt die Gelbaugenpinguine aus nächster Nähe; weil sich die Touristen durch enge, von Netzen überspannte Tunnel zwängen, werden sie von den scheuen Tieren nicht bemerkt. Die beste Zeit für die Pinguinbeobachtung ist am späten Nachmittag *(letzte Führung ca. 90 Min. vor Sonnenuntergang)*.

☀ *Larnach Castle,* Neuseelands einziges Schloss, ist ein schön restauriertes, imposant-düsteres Gebäude, das zwischen 1873 und 1886 mit Baustoffen auch aus Italien und Schottland durch den Bankier William Larnach aufwendig errichtet wurde. Der ehemalige Schafstall des Castle fungiert heute als Ballsaal *(tgl. 9–17 Uhr | 25 NZ$ | www.larnach castle.co.nz)*. Wohnen kann man neben dem Schloss in der *Larnach Castle Lodge,* dinieren in dessen feinem Speisesaal *(Tel. 03/476 16 16 | Fax 476 15 79 | www.larnachcastle.co.nz | €€ – €€€)*.

Allgemeine Infos zur Halbinsel über *www.otago-peninsula.co.nz*

FRANZ JOSEF

[130 A5] Das kleine Dorf an der West Coast (am SH 6) wurde vom Geologen Julius von Haast nach dem damaligen österreichischen Kaiser Franz Josef benannt. Es bietet nur mäßige Übernachtungsmöglichkeiten, ist aber ein guter Startpunkt zur Besichtigung des *Franz-Josef-Gletschers (zwischen Nov. und März die Unterkunft ein paar Tage zuvor buchen!)*. ☀ Am Gletscherterminal *(13 km außerhalb)* gibt es eine gute Informationstafel, die über Geschichte und Ausdehnung des Gletschers Auskunft gibt. Der zurzeit ca. 11 km lange Gletscher nimmt in seiner Länge mal ab, mal zu. Vom Parkplatz aus dauert der Fußmarsch zum Eis deshalb auch mal länger, mal kürzer (aber nicht unter 1 Stunde).

▣ FREIZEIT & SPORT

GLETSCHERFLÜGE ⭐ ☀
Je nach Wetterlage werden, auch am Fox Glacier, Gletscherwanderungen in Kombination mit einem Helikopterflug angeboten *(Helihikes | ca. 380 NZ$ für 4 Std. | Tel. 0800/80 77 67 | www.foxguides.co.nz)*. Drei Unternehmen fliegen mit dem Flugzeug hin *(zwischen 180 und 360 NZ$ | manchmal günstige Stand-by-Tarife | z. B. Tel. 0800/80 77 67 | www.helicopter.co.nz)*. Wichtiger Unterschied:

Nach der Landung auf dem Gletscher stellt der Flugzeugpilot den Motor seiner Maschine ab, der Hubschrauberpilot lässt ihn laufen – was in der grandiosen Umgebung recht störend ist. Im *Alpine Adventure Centre* werden Flug und Alpenszenario im *Imax Theatre* auf überdimensionaler Leinwand gezeigt *(6 Shows tgl.)*. Rundflüge übers Alpenmassiv starten auch in Lake Tekapo. *Andere Veranstalter im Ortskern an der Haupsstraße*

AUSKUNFT

WESTLAND NATIONAL PARK HEADQUARTERS

Sehr gute Rangerstation mit aufwendigen Displays über die 60 Gletscher des Westland National Parks und den Regenwald. *Tel. 03/752 07 96 | Fax 752 07 97 | www.west-coast.co.nz*

ZIELE IN DER UMGEBUNG

FOX GLACIER ❄ [130 A5]

Etwas kleinerer Gletscher, 25 km von Franz Josef entfernt. Auch hier starten, je nach Wetterlage, Rundflüge.

HAAST PASS [133 D1–2]

Benannt nach dem deutschen Geologen und Naturforscher Julius von Haast (1822–87). Der niedrige Pass trennt die raue, regnerische Westküste vom milden Central Otago. Der Bau der Straße – ein alter Maori-Pfad – dauerte über 10 Jahre. *South Westland World Heritage Visitor Centre | SH 6 | tgl. 9–18, April–Nov. 9–16.30 Uhr. 140 km südl.*

LAKE MATHESON ❄ [130 A5]

Wer bei klarem Wetter frühmorgens zum See fährt und 30 Minuten bis

Eine Gletscherwanderung führt in die faszinierende Welt des Fox Glacier

zum Aussichtspunkt *View of Views* wandert, wird mit dem überragenden Blick auf den Lake Matheson und die sich darin spiegelnden Alpengipfel belohnt. *32 km südwestl.*

LAKE MOERAKI [133 D1]

Ausflüge zu Pinguinkolonien und Wanderungen durch das größte geschützte Regenwaldgebiet Neuseelands leiten erfahrene Guides der *Lake Moeraki Wilderness Lodge (SH 6 | Tel. 03/750 08 81 | Fax 750 08 82 | www.wildernesslodge.co.nz | €€–€€€). 100 km südl.*

LAKE PARINGA [133 D1]

Auf halbem Weg zwischen Fox Glacier und Haast Pass können Sie hier phantastischen Lachs kaufen – frisch oder geräuchert. *SH 6, Lake Paringa. 80 km südl.*

Insider Tipp

OKARITO [130 A5]

Insider Tipp

Das Dörfchen mit einer Handvoll Häuser liegt auf der Landzunge einer Lagune und wird begrenzt von der rauen Tasman Sea, dichtem Regenwald und den oft schneebedeckten Bergen der Südalpen. Gut 30 Menschen leben in der ehemaligen Goldgräbersiedlung, u. a. die bekannte neuseeländische Schriftstellerin Keri Hulme („Unter dem Tagmond"). Besucher aber kommen täglich zu Hunderten, bewundern den wilden, mit Treibholz übersäten Strandabschnitt oder beobachten zwischen Okarito und dem 30 km entfernten Franz Josef *Brown Kiwis (Touren nach Sonnenuntergang: www.okaritokiwi tours.co.nz).* Auf einer Bootstour in der Lagune lässt sich der *Great White Heron (Kotuku)* blicken, eine sel-

tene Reiher-Art *(www.okarito.co.nz).* Weit über die Landesgrenzen hinaus bekannt ist das urige Hostel im historischen *Okarito Schoolhouse* mit 12 Betten in zwei Räumen gegenüber dem Campingplatz *(im Winter geschl. | www.okarito.net | €).*

GREYMOUTH

[130 B4] Greymouth (8000 Ew.) ist das Wirtschaftszentrum der 500 km langen West Coast, die sich von Norden bei Westport bis zum Haast Pass im Süden entlangzieht. Dazwischen nagt die aufgewühlte Tasman Sea an der Küstenebene, die landeinwärts von Steilwänden eingeengt wird und an keiner Stelle breiter als 50 km ist. Gletscher und Urwald – wo sonst auf der Welt gibt es schon einen solchen Kontrast so dicht beieinander? Das Gebiet ist

geprägt von lang anhaltenden Regengüssen. Autofahrer müssen vorsichtig sein: Es gibt noch einige einspurige Brücken (zwei sogar mit Eisenbahnverkehr!), und schnell wird die Straße im Regenwald durch die Feuchtigkeit zur Rutschbahn. Aber in dieser Region haben die Bewohner unendlich viel Zeit: Drei Tage für die Fahrt entlang der wunderbaren Küste mit Aufenthalten in den Orten Greymouth, Hokitika und Franz Josef sollten Sie schon einplanen. Greymouth ist auch Ziel des TranzAlpine Express, der mittags zurück nach Christchurch fährt.

SEHENSWERTES
SHANTYTOWN
Sehr gut gestaltetes Freilichtmuseum mit möblierten Häusern aus der Goldgräberzeit. Die Kosten für den Unterricht im Goldwaschen *(25 NZ$)* erhält man mit etwas Glück durch einen „Goldfund" zurück. *Ca. 8 km südlich von Greymouth, ausgeschildert | tgl. 8.30–17 Uhr*

ESSEN & TRINKEN
Probieren Sie doch mal ein *local beer:* Monteiths gibt es in großen Bügelverschlussflaschen. Die Brauerei können Sie auch besichtigen: *Ecke Turumaha/Herbert St. | Mo–Fr 10, 11.30 und 14, Sa/So 11.30 und 14 Uhr | www.monteiths.co.nz*

EINKAUFEN
IAN BOUSTRIDGE
Ian Boustridge bearbeitet den stahlharten neuseeländischen *greenstone (Pounamu)* mit einer unvergleichlichen Kunstfertigkeit und lässt sich dabei von Maori-Motiven inspirie-

Tasmanische See, Südalpen und dichter Regenwald begrenzen die Lagune von Okarito

ren. Über die Schulter können Sie ihm – nach Voranmeldung – in seinem Studio ein paar Kilometer südlich von Greymouth schauen *(Ortsteil Paroa | Unit 7 | 56 Jacks Road | Tel. 03/768 60 48 | www.ianbousridge.com).*

73 nach Christchurch. Infos über *www.selwyn.govt.nz. 256 km, 4 Std. mit dem Auto*

PUNAKAIKI  [130 B–C3]

Rund 30 Mio. Jahre alte Erosionslandschaft im Punakaiki and Paparoa

An diesen Pfannkuchen beißen Sie sich die Zähne aus: Pancake Rocks im Punakaiki Park

■AUSKUNFT■

GREYMOUTH I-SITE

Mackay/Herbert St. | Tel. 03/768 51 01 | Fax 768 03 17 | Hotelbuchungen über Greymouth Information Centre (www.greydistrict.co.nz)

■ZIELE IN DER UMGEBUNG■

ARTHUR'S PASS [130 C4–5]

Traumhafte Strecke durch den gleichnamigen Nationalpark und über die Alpen, am 2400 m hohen Mt. Murchison vorbei über den Hwy.

National Park, deren Felsen an aufeinander gestapelte Pfannkuchen *(Pancake Rocks)* erinnern, ausgehöhlt durch die starke Brandung. Tipp: Ab 16.30 Uhr haben Sie die grandiose Kulisse fast ganz für sich. Im kleinen Ort am SH 6 gibt es einen ausgezeichneten Laden mit Kunsthandwerk *(Craft Shops | tgl. 9–19 Uhr)*, ein *Visitor Centre* mit interessanten Displays und einen guten Campingplatz *(Punakaiki Beach Camp | Tel. 03/731 18 94). 70 km nördl.*

REEFTON [130 C3]

In der Stadt, in der 1888 die erste elektrische Straßenlaterne der südlichen Hemisphäre brannte, wurde früher Gold abgebaut, anschaulich gemacht im *Black's Point Museum (Aug.–Mai Di–So 13–16 Uhr | 7 NZ$)*. 80 km nordöstl.

WESTPORT [130 C3]

Interessant an der sonst recht tristen Stadt ist das *Coaltown Museum* mit Soundeffekten in einer alten Brauerei *(Queen St. | tgl. 9–16.30 Uhr | 7 NZ$)*. In der 12 km entfernten Tauranga Bay hat sich die nördlichste ⚓ Robbenkolonie Neuseelands *(Aussichtsplattform an der Tauranga Bay Rd., Abzweigung am SH 6 nördl. von Westport oder über Hwy. 67 A ab Westport)* angesiedelt. In der Nähe der Kolonie liegt das angenehme *Bay House Café (Tauranga Bay | Tel. 03/ 789 71 33 | www.thebayhouse.co.nz)*. 85 km nördl.

Insider Tipp

HOKITIKA

[130 B4] **Die frühere Provinzhauptstadt hat sich als beliebtes Einkaufszentrum zu einem wichtigen touristischen Ort entwickelt.** Berühmter Sohn der Stadt ist Richard Seddon, der die erste Altersversorgung einrichtete. Ein Denkmal auf der Sewell St. erinnert an den Politiker. Jedes Jahr Anfang März findet in Hokitika das *Wildfoods Festival (www.wildfoods.co.nz)*.

▇ ESSEN & TRINKEN ▇

CAFÉ DE PARIS

Moderne neuseeländische Küche. *19 Tancred St. | tgl. Lunch/Dinner | Tel. 03/755 89 33 | €€*

▇ ÜBERNACHTEN ▇

BEACHFRONT HOTEL

Mitten im Zentrum gelegen, zum rauen Westküstenstrand sind es nur ein paar Meter. Zimmer mit Meerblick. *68 Zi. | Revell St. | Tel. 03/ 755 83 44 | Fax 755 82 58 | www. beachfronthotel.co.nz | €€*

▇ EINKAUFEN ▇

Die meisten Läden (Spielzeug aus Rimu-Holz, Goldschmuck und Glas) liegen an der Tancred St. und haben täglich geöffnet. Originelle Jadestücke finden Sie bei *Mountain Jade (Ecke Weld/Sewell St.)*, bei *Tectonic Jade (Revell St.)*, *Traditional Jade (schräg gegenüber der Visitor Information)* und in der *Craft Gallery (25 Tancred St.)*. Ihr eigenes Schmuckstück *(taonga)* aus Jade/Knochen oder Paua fertigen Sie unter fachkundiger Leitung bei *Bonz 'n' Stonz*. Die Kurse dauern zwei bis acht Stunden und kosten zwischen 55 und 95 NZ$. *16 Hamilton St. | Tel. 03/755 65 04 | www. bonz-n-stonz.co.nz*

Insider Tipp

▇ AUSKUNFT ▇

WESTLAND VISITOR INFORMATION

Das Infoblatt „Gold Panning on the West Coast" gibt Ihnen Tipps, wie und auf welchen Claims Sie schürfen dürfen. *Ecke Tancred/Hamilton St. | Tel. 03/755 61 66 | Fax 755 50 11 | www.hokitika.org*

▇ ZIEL IN DER UMGEBUNG ▇

ROSS [130 B4]

Die Goldgräber an der Küste sind auch heute immer noch aktiv. Lediglich die gegenüber dem 1866 errichteten *Empire Hotel (Aylmer St. | tgl. ab 12 Uhr | Tel. 03/755 40 05 | €)* liegende Mine wurde im Jahr 2004 geschlossen. Etwa 90 Lizenzen sind zurzeit an der Westküste an Goldsucher vergeben. Am Hotel beginnen auch einige Wanderwege in die goldene Vergangenheit (z.B. der 2 km lange, einfache *Water Race Walk*). Falls Sie Ihr Glück einmal versuchen wollen: Die Visitor Information *(tgl. 9–16 Uhr | Tel. 03/755 40 77)* verleiht auch Goldgräberutensilien. *30 km südwestl.*

NELSON

[131 E2] **Die fünftgrößte Stadt des Landes (50 000 Ew.) nennt sich großspurig Sunshine State of New Zealand. Tatsache ist, dass nirgendwo in Neuseeland so ausgiebig die Sonne scheint und das Klima so angenehm ist wie hier im Norden der Südinsel.** Entsprechend ist daher auch die Lebensweise der Einheimischen: *relaxed*, den schönen, feingeistigen Dingen des Lebens zugetan. Nelson und Umgebung ist die Heimat von

Künstlern und Lebenskünstlern, hier wachsen nicht nur köstliche Früchte und einige der besten Weinreben, hier gibt es sehr schöne Strandabschnitte und mit dem Abel Tasman National Park auch ein traumhaftes Wandergebiet.

■ SEHENSWERTES

THE SUTER ART GALLERY

Werke lokaler und internationaler Künstler des 19./20. Jhs. sind zu sehen. Gutes Café. *208 Bridge St. | tgl. 10–17 Uhr | Eintritt 3 NZ$ | www.thesuter.org.nz*

WOW

Wearable Art heißt die Veranstaltung, auf der einmal im Jahr in Wellington originelle „Kleiderkunst am Menschen" gezeigt und prämiert wird. Die ausgefallensten Stücke sind in der *World of Wearable Art*, kurz WOW, ausgestellt. Außerdem gibt's im selben Gebäude eine Kollektion Oldtimer zu sehen. *95 Quarantine*

➤ IM TOLKIEN-LAND
Auf den Spuren des „Herrn der Ringe"

Seit der Premiere des in Neuseeland gedrehten Films „Herr der Ringe" nach J. R. R. Tolkien hat ein regelrechter „Mittelerde-Tourismus" eingesetzt. Auf der Südinsel kann man sich von der einmaligen Landschaftskulisse des Fantasy-Epos verzaubern lassen: z.B. in Arrowtown, wo das Flussbett des Arrow River als die Lautwasserfurt diente. Hier ließ Arwen mit magischer Kraft das Wasser ansteigen, um die schwarzen Reiter abzuwehren. Tolkiens Fluss Anduin mit den mächtigen steinernen

Wächtern ist der Kawarau River (Raftingtouren mit *Extreme Green Rafting | 39 Camp St. | Tel. 03/442 85 17)*. Besonders reizvoll: ein Ausritt (auch ohne Reiterfahrung möglich) zu den Drehorten von Amon Hen und Nan Curunir, dem Tal von Saruman *(Dart Stables | Glenorchy | Tel. 0800/474 34 64)*. Von weiteren Locations erfahren Sie bei einer Geländewagentour unter dem Titel „Safari of the Rings" *(Nomad Safaris | Tel. 0800/68 82 22 | www.nomadsafaris.co.nz)*.

DIE SÜDINSEL

Rd. | nahe Airport | tgl. 10–18 Uhr | 15 NZ$ | www.wowcars.co.nz

■ ESSEN & TRINKEN ■

THE HONEST LAWYER

Sehr gemütlich im Stil eines Countrypubs eingerichtet. Gute Fisch- und

Wakefield Quay) von Nelson zusammengetan.

Tipp für Selbstversorger: *Guytons Fresh Fish (270 Wakefield Quay)* verkauft fangfrische Ware. Und gleich nebenan bei *Haven* gibt's ausgezeichnete Fish'n' Chips.

Rosen und Lebenskünstler gedeihen prächtig im milden Klima von Nelson

Fleischküche, Biergarten am Wasser. Auch Landhauszimmer *(€€ – €€€)*. *1 Point Rd. | Monaco (15 Min. außerhalb Richtung Richmond) | Tel. 03/547 88 50 | www.honestlawyer. co.nz | €€ – €€€*

NELSON WATERFRONT

Da fällt die Wahl schwer: Gleich eine ganze Reihe ausgezeichneter Fischrestaurants *(Boat Shed, Harbourlight, Saltwater)* hat sich an der (verkehrsreichen) Waterfront *(268–351*

■ EINKAUFEN ■

Jeden Samstag findet auf dem Montgomery Place ein Kunsthandwerkermarkt statt *(8–12 Uhr)*. Das Angebot am Sonntag ist viel kleiner.

JENS HANSEN JUWELIER

Die Hansens sind die eigentlichen „Herren der Ringe", denn hier entstand der Prototyp des goldenen Zauberrings für den in Neuseeland gedrehten Film „Lord of the Rings" (Herr der Ringe), der 2001 in die Kinos kam. *320 Trafalger Square | www.jenshansen.com*

■ ÜBERNACHTEN ■■■■■■■

CATHEDRAL INN

Dieses gemütliche B-&-B-Haus liegt gleich neben der Kathedrale. *369 Trafalgar St. | South | Tel. 03/ 548 73 69 | Fax 548 03 69 | www.ca thedralinn.co.nz | €€*

 SOUTH STREET COTTAGES

Einige der liebevoll restaurierten Häuser an der kleinen, aber citynahen South Street dienen auch als heimelige *Guest Houses.* Unbedingt reservieren! *Tel. 03/540 27 69 | Fax 540 27 69 | www.cottageaccommoda tion.co.nz | €€ – €€€*

■ FREIZEIT & SPORT ■■■■■

BADEN

Die schönsten Strände finden Sie am *Tahunanui Beach* (bei Nelson), auf *Rabbit Island* am Waimea River *(vom Hwy. 60 nach Upper Moutere abbiegen)* oder auch bei *Kaiteriteri* im Abel Tasman National Park.

■ AUSKUNFT ■■■■■■■■

VISITOR INFORMATION

Ecke Trafalgar/Halifax St. | Tel. 03/ 548 23 04 | Fax 546 90 08 | www.nel sonnz.com

■ ZIELE IN DER UMGEBUNG ■■

ABEL TASMAN NATIONAL PARK/ GOLDEN BAY ★   [131 D1]

1642 entdeckte als erster Europäer der Niederländer Abel Janszoon Tasman Neuseeland bei Tarakohe, einst *Murderers Bay*, weil Tasman dort von Maori überfallen wurde. Heute heißt die Bucht *Golden Bay*, nach-

dem hier im vorigen Jahrhundert Gold entdeckt wurde. Nach Abel Tasman wurde dieser schönste Park Neuseelands benannt, mit fast lückenlos geschlossenem Busch, Nikaupalmen und Riesenfarnen sowie feinsandigen, südseeähnlichen Stränden, die von Dezember bis Februar gut besucht sind.

Zwischen *Kaiteriteri* und *Totaranui* (herrlicher Gras-Campingplatz mit langem Strand, ohne Stromanschluss) verkehren Wassertaxis. So lässt sich der *Coastal Track,* den jedermann bequem in 4–5 Tagen bewältigen kann, in Tagesexkursionen zerlegen. Eine Reservierung für die Bootsfahrt ist notwendig *(z.B. Abel Tasman Enterprises | 265 High St. | Motueka | Tel. 0800/22 35 82 | www. abeltasmannz.com | Bootsfahrt: tgl. 8.45 Uhr vor dem Campingplatz am Strand von Kaiteriteri, um 9 Uhr ab Marahau Beach).* Jirca Ritschnys *Park Café (am Parkeingang in Marahau Beach | tgl. 8–22 Uhr)* lohnt sich für einen gemütlichen Stopp. Dort liegen sehr schön am Hang die *Ocean View Chalets (10 Zi. | Tel./Fax 03/527 82 32 | €€).* Weitere Hotels und Restaurants gibt es in *Motueka.* Mitten in der grünen Wildnis des Parks versteckt sich die <mark>*Awaroa Lodge.*</mark> Wem Übernachten zu teuer ist *(ca. 250 NZ$/DZ | 26 Zi. | Tel. 03/ 528 87 58 | www.awaroalodge.co .nz)*, der sollte zumindest mit dem Wassertaxi zum Mittagessen hinfahren und am Traumstrand entlang wandern.

Ein harmloses Abenteuer ist die Kajakfahrt entlang der Küste *(s. S. 101).* Alternative für Wanderer: Der 77 km lange ✻ *Heaphy Track*

(Dauer 5–6 Tage), der in der Nähe von *Collingwood* beginnt. Die Wanderung durch den *Kahurangi National Park* endet bei *Karamea*. Dort in den *Honeycomb Hill Caves* wurden fossile Reste ausgestorbener Vogelarten. Auskunft: *Motueka i-Site | Wallace St. | Tel. 03/528 65 43 | Fax 528

NELSON LAKES DISTRICT [131 D3]

Angler und Jäger finden rund um den Lake Rotoroa und Lake Rotoiti ideale Bedingungen: Die Aale werden bis zu 4 Pfund schwer, die Bachforellen rund 5 Pfund. Ein guter Führer in St. Arnaud ist *Boris Cech (Tel. 03/543 91 21)*. Beste Zeit für Sportfi-

Geradezu ein Muss für Wasserwanderer: eine Tour im Abel Tasman National Park

65 63 | www.nelsonnz.com/motueka. 80 km nordwestl.

FAREWELL SPIT ❄ [131 D1]

insider tipp

Ab *Collingwood* starten Allradsafaris zu der einsamen Landzunge, die fast nur aus mächtigen Sanddünen besteht. Diese bieten den zahlreichen Vogelkolonien ideale Lebensbedingungen *(ca. 6 Std. | Farewell Spit Safari | Tel. 03/524 82 57 | www.farewellspit.co.nz). 170 km nordwestl.*

scher: zwischen Oktober und April – allerdings sind dann die *sandflies* (Gnitzen) besonders blutrünstig. *100 km südwestl.*

UPPER MOUTERE [131 D2]

Hier liegt der Obstgarten der Region mit herrlichen Apfel- und Weinsorten. Upper Moutere (sprich Mutri) wurde 1843 von Deutschen gegründet. Der kleine Friedhof hält Erinnerungen daran wach. Den heimischen Wein können Sie im Weingut *Seifried (Ecke Hwy. 60/Redwood Rd. | Appleby | tgl. 10–17 Uhr)* probieren. *22 km westl.*

PICTON

[131 E–F2] **Das „Tor zur Südinsel" ist ein eher fades Städtchen, das immer nur dann kurz auflebt, wenn eine Fähre die Südinsel erreicht.** Da hilft nur die wehmütige Erinnerung an das Jahr 1865, als man auch Hauptstadt werden wollte. Das Schönste an Picton aber ist der ☀ *Queen Charlotte Drive*, der von

hier nach Havelock führt. Die Strecke windet sich an Buchten der Marlborough Sounds entlang – besonders attraktiv für Wohnmobilurlauber: *Mgakuta Bay* – und ist vor allem im weichen Licht des späten Nachmittags märchenhaft. Die Abzweigung bei Link Water führt kurvenreich auf asphaltierter Straße zum Kenepuru Sound und nach Portage. Romantisch am Wasser liegt das ==Te Mahia Bay Resort== mit seinen schönen Hotelzimmern. Ein kleiner Campingplatz ist angeschlossen *(Tel./Fax 03/573 40 89 | www.temahia.co.nz | €€).*

Inside Tip

▶ LOW BUDGET

> ➤ Superlativ zum Nulltarif: Mit einem Steigungswinkel von 38 Grad gilt die 400 m lange Baldwin Street in Dunedin als steilste Straße der Welt.

> ➤ Nur festes Schuhwerk und eine Taschenlampe brauchen Sie für die spannende Höhlentour auf eigene Faust durch die *Punakaiki Caves* an der West Coast *(5 Min. vom DOC Visitor Centre am SH 6 | www.punakaiki.co.nz).*

> ➤ Mini-Dinos im *Southland Museum* in Invercargill: Ein Besuch bei den *Tuataras*, wie die seltenen Uraltechsen heißen, kostet nichts *(108 Gala St. | Mo–Fr 9–17, Sa/So 10–17 Uhr | www.southlandmuseum.com).*

> ➤ Weil die meisten Touristen mit dem Wohnmobil von Auckland nach Christchurch fahren, suchen viele Vermieter sogenannte „Relocations Driver", die Fahrzeuge wieder auf die Nordinsel bringen. 2–3 Wochen vorher informieren *(z. B. Maui Rentals | Tel. 09/255 06 20 | nzrelocsonline@thlonline.com)*

◼ ESSEN & TRINKEN

Auf der High Street gibt es nette Cafés mit guter Mittags- und Abendkarte *(The Quest, Cibo und Dog & Frog Café)*. Eine Empfehlung ist auch ☀ *Le Café*, zentral am London Quay mit Blick auf den Yachthafen.

◼ ÜBERNACHTEN

MCCORMICK HOUSE

Sehr charmantes B & B in einem Haus von 1914 mit Traumgarten und aufmerksamen Gastgebern. *Ca. 2 km von Picton entfernt | 3 Zi. | 21 Leicester St. | Tel. 03/573 52 53 | Fax 03/573 52 63 | www.mccormickhouse.co.nz | €€€*

HARBOUR VIEW HOTEL

Zentrales Motel mit einem schönen Blick auf den Hafen. *12 Zi. | Waikawa Rd. | Tel. 03/573 62 59 | www.harbourviewpicton.co.nz | €€*

◼ AUSKUNFT

PICTON I-SITE

The Foreshore (am Anleger) | Tel. 03/573 74 77 | Fax 573 50 21. Im gleichen Gebäude liegt auch das *Depart-ment of Conservation (Tel. 03/573 75 82) | www.destinationmarlborough.com, www.picton.co.nz*

können Sie auch verkosten *(hinter Renwick und vor dem Wairau River von SH 6 in die Rapaura Rd. abbiegen).*

Von Picton aus windet sich der Queen Charlotte Drive an herrlichen Buchten entlang

ZIELE IN DER UMGEBUNG

BLENHEIM [131 E2]

Eigentliches Zentrum von Marlborough und Mittelpunkt des größten Weinbaugebiets Neuseelands. Beim umsatzstärksten Weinproduzenten, *Montana Wines,* gibt es im Februar ein großes Wine-Food-Festival. Das Weingut liegt südlich von Blenheim am SH 1 *(Mo–Sa 10–15 Uhr, 20-min. Führungen).*

Der ★ *Marlborough Wine Trail* (Broschüre bei der Picton i-Site) führt zu den besten Winzern der Region, die sich größtenteils entlang der *Rapaura Rd.* befinden. Bei vielen

Den besten Lunch gibt es im Lokal *Veranda (Vintage Lane | Ortsteil Renwick | tgl. Lunch | Tel. 03/572 72 30 | €€)* auf dem Weingut *George Michel.* Oliven, Eis und Weinbrand verkauft *Taste of Marlborough (Papaura Rd.). 15 km südl.*

Insider Tipp

KAIKOURA ★ [131 E4]

Das 120 km südlich von Picton liegende Städtchen wurde hauptsächlich bekannt durch Pottwal- und Delphinbeobachtungen. Die beste Zeit für einen Ausflug zu diesen Meeresbewohnern liegt zwischen Oktober und April.

140 NZ$ kostet Sie eine Tour zu den Walen *(Whale Watch Kaikoura | Railway Station | Tel. 0800/65 51 21 | www.whalewatch.co.nz)* oder den Delphinen *(Kaikoura Dolphin Encounter | West End | Tel. 03/319 67 77 | www. dolphin.co.nz).* Am Ende des Dorfes, nicht weit vom Fischerhafen entfernt, liegt eine kleine Robbenkolonie *(Seal Colony | Fyffe Quay),* die Sie nach einer kurzen Wanderung erreichen. In und um Kaikoura (Maori: Langustenmahl) gibt es Langusten *(crayfish)* frisch oder gekocht zu kaufen *(z. B. bei Nin's Bin | Hwy 1 | 23 km nördl. von Kaikoura).*

Auskunft: *Visitor Information | Kaikoura | Memorial Hall | West End | Tel. 03/319 56 41 | Fax 319 68 19 | www.kaikoura.co.nz*

MARLBOROUGH SOUNDS ❧ [131 E–F 1–2]

Das Gewirr etlicher Buchten mit den dicht bewachsenen Hängen, in früheren Zeiten von den Maori besiedelt und Thema vieler Legenden, und den schmalen Stränden (mehr als 900 km Küstenlänge) lässt sich gut mit dem Segelschiff erkunden; preiswerter, aber mindestens so interessant geht es mit dem Postschiff. Mit dem Boot sind auch Tagesausflüge auf dem traumhaften *Queen Charlotte Track (www.qctrack.co.nz)* möglich. Die schönsten Wanderabschnitte der Route liegen zwischen *Ship Cove* und *Furneaux Lodge. Magic Mail Run ab Picton Mo–Sa 13.30 Uhr bis Ship Cove | ca. 4 Std. für 90 NZ$; Beachcomber Fun Cruise | Tel. 03/573 61 75 | www.beachcomber cruises.co.nz*

QUEENSTOWN

[132 C3] ★ **Für die einen ist es ein faszinierender Abenteuerspielplatz, die anderen kritisieren den Urlauberansturm auf das Örtchen.** Dabei verliert sich die „Masse" in Queenstown, das trotz des touristischen Erfolgs sommers wie winters immer noch den Charakter einer überschaubaren Sommerfrische am romantischen Lake Wakatipu behalten hat.

Queenstown gibt auch Fragen auf: Warum etwa hebt und senkt sich der Wasserspiegel des Lake Wakatipu (300 km²) alle paar Minuten um ca. 12 cm? Wegen des Herzschlags des auf dem Seegrund schlafenden Riesen – meint die Maori-Mythologie. Tatsächlich erklärt sich das Phänomen mit dem Wechsel des Atmosphärendrucks durch kalte und heiße Luftbewegungen über dem See.

■ SEHENSWERTES ■

BOB'S PEAK ❧

Von hier aus haben Sie eine Paradeaussicht auf den Lake Wakatipu. Ein gutes Restaurant gibt es auch. Abenteurer können wählen zwischen einem Bungee Jump und einer rasanten Abfahrt im Asphaltbob *(The Luge)*; oder sie schweben im Tandem-Gleitschirmflug zurück ins Tal *(ca. 195 NZ$ | Veranstalter über die i-Site und vor Ort | Tel. 0800/75 96 88 | www. paraglide.net.nz).* Gondelterminal an der Brecon St.

GIBBSTON VALLEY WINE

Das südlichste Weingut der Welt erzielt gute Ergebnisse. Empfehlung zum Lunch, hervorragende Käserei. *SH 6 | ein paar hundert Meter von*

Stadt. *Fernhill | Sainsbury Rd. | Tel. 03/442 71 07 | www.qlodge.co.nz | €–€€*

THOMAS' BACKPACKERS

Preiswert und zentral gelegene Unterkunft mit einem Restaurant. Direkt am See. *26 Zi. | 50 Beach St. | Tel./Fax 03/442 71 80 | www.thomasho tel. co.nz | €–€€*

▮▮ FREIZEIT & SPORT ▮▮▮▮▮

„Action" ist ein Zauberwort in Queenstown – das Angebot ist buchstäblich Schwindel erregend. An der 43 m hohen *Kawarau Suspension Bridge* direkt am SH 6 begann mit dem Bungee Jumping der Sprung in den Reichtum für A. J. Hackett *(pro Sprung ca. 130 NZ$ | Tel. 03/442 71 00)*. Auch das Zuschauen vom modernen Besucherzentrum ist spannend. Wem der 43-m-Sprung nicht reicht, der hat noch mehr Auswahl: Die nächsten Stufen sind der Legde Bungy („nur" 47 m, aber prickelnde 400 m oberhalb von Queenstown auf Bob's Peak), der Pipeline Bungy in Skippers Canyon (102 m)

und Nevis Highwire (134 m). In der Nähe der Edith Cavall Bridge, bei den Cascades, enden die wilden White-Water-Rafting-Tours, die ihren Anfang am 19 km entfernten Deep Creek (Shotover River) nehmen *(Queenstown Rafting | Tel. 03/442 97 92 | www.rafting.co.nz)*. An der Brücke startet auch der Shotover Jet, die spannendste Jet-Boat-Fahrt *(Tel. 0800/74 68 68 | www.shotover jet.com)*.

Eine Kombination all dieser Aktivitäten bieten die sogenannten Combos *(www.combos.co.nz)*: Der ultimative Thrill heißt hier „awesome foursome" und steht für Adrenalin pur: Nevis Bungee (134 m), Fahrt mit dem Shotover Jet, Helicopter Flug zum Skippers Canyon und dann White-Water-Rafting auf dem Shotover River *(509 NZ$)*. River Surfing mit dem schmalen Boogy Board im tosenden Wildwasser, mit dem Gleitschirm von Bob's Peak – nach frühestens einer Woche kommen Sie etwas zur Ruhe.

Der *Coronet Peak* ist im Winter ein erstklassiges Skigebiet. Alle Tou-

▶ THE HOME OF BUNGEE
Millionengeschäft mit dem freien Fall

Auf der Südseeinsel *South Pentecost* (Vanuatu) ist der todesmutige Kopfübersprung ein altes Ritual junger Männer. In Neuseeland wurde daraus *Bungee Jump*, eine Erfolgsgeschichte, die um die Welt ging. Der Kiwi-Abenteurer A. J. Hackett wagte die ersten Sprünge Mitte 1989, erst vorsichtig aus einer Seilbahn über weichem Tiefschnee, dann illegal vom Pariser Eiffelturm und schließlich

von der historischen Kawarau Bridge bei Queenstown – immer gehalten von einem dicken, um die Fußfesseln gebundenen Gummiseil. Heute gilt Bungee *down under* als sehr lukrative Touristenattraktion. Adrenalinjunkies von überall her zahlen viel Geld, um sich ins 130 m tiefe Nevis Valley oder vom Steilhang auf Bob's Peak stürzen zu dürfen.

der Kawarau Bridge Rchtg. Cromwell entfernt | tgl. 10–17 Uhr | Tel. 03/442 69 10 | www.gvwines.co.nz

■ ESSEN & TRINKEN ■

Insider Tipp

THE BATH HOUSE

Gutes Restaurant in einem ehemaligen Umkleidehaus direkt am See. Tolle Kaffeeterrasse. *Tgl. Lunch/Dinner | Tel. 03/442 56 25 | €€*

BOARDWALK

Bester Tipp für Fischgerichte in Queenstown. *Steamer Wharf Village | Beach St. | tgl. Lunch/Dinner | Tel. 03/442 56 30 | €€€*

LONE STAR CAFÉ AND BAR

Übergroße Portionen in Country- and-Western-Atmosphäre. *14 Brecon St. | tgl. Dinner | Tel. 03/442 99 95 | €–€€*

MINAMI JUJISEI

Hier gibt es hervorragende japanische Küche. *45 Beach St. | tgl. Dinner | Tel. 03/442 98 54 | €€*

■ ÜBERNACHTEN ■

COPTHORNE RESORT

Mit Blick auf den See wohnen Sie modern und zugleich stadtnah. *247 Zi. | Ecke Aidelaide St./Frankton Rd. | Tel. 03/442 81 23 | Fax 442 79 72 | www.copthornelakefront.co.nz | €€*

THE GLEBE

Ideale Apartments für kleine Gruppen und Selbstversorger. *2 Beetham St. | Tel. 03/441 03 10 | Fax 441 03 09 | www.theglebe.co.nz | €€–€€€*

THE QUEENSTOWN LODGE

Doppel- und Mehrbettzimmer, viele junge Leute, liegt außerhalb der

Vor der Küste Kaikouras kann man Wale jagen – mit der Kamera

ren können u. a. gebucht werden bei *The Station | Ecke Camp/Shotover St. | Tel. 03/442 71 00 und 0800/ 28 64 95 | www.ajhackett.com.*

QUEENSTOWN I-SITE

Shotover St./Camp St. | Tel. 03/ 442 41 00 | Fax 442 89 07. Das Büro informiert auch über preiswerte Ho-

Nur eine von zig Arten, sich in Queenstown Nervenkitzel zu verschaffen: Bungee Jump

◼ AM ABEND

Lebhafte ▶▶ Pubs sind z. B. *Dux de lux (14 Church St., tgl. ab 11 Uhr), Lone Star Saloon (14 Brecon St.), Pog Mahone (Rees St.)* und *Speights Ale House (Ecke Stanley St./Ballarat St.).*

◼ AUSKUNFT

DEPARTMENT OF CONSERVATION

Broschüren über Wandermöglichkeiten in der Umgebung. *36 Shotover St., 1. Stock | Tel. 03/442 79 35 | Fax 442 79 34 | www.doc.govt.nz*

telangebote. *www.queenstown-nz.co. nz, www.queenstownadventure.com*

◼ ZIELE IN DER UMGEBUNG

ARROWTOWN   [132 C3]

Frühere Gold Town, 1862 gegründet, deren fein restaurierte Holzhäuser etliche Souvenirshops beherbergen. Ein farbenprächtiges Herbstfestival wird Mitte April veranstaltet; über die Methoden des Goldabbaus kann man sich im *Lakes District Centennial Memorial Museum (Buckingham St. | tgl. 9– 17 Uhr | 8 NZ$)* gut kundig machen.

QUEENSTOWN

In der Umgebung, am Arrow River, wurden Szenen des Films „Herr der Ringe" gedreht. *20 km nördl.*

CLYDE [133 D3]

Das Dörfchen liegt in der Nähe eines gigantischen Staudamms mit 100 m Höhe und 500 m Länge. Restaurant und Lodge *Oliver's (Main St. | Tel. 03/449 28 60 | Fax 449 28 62 | www.olivers.co.nz | €€)* sind einen Besuch wert, die umgebauten Pferdeställe des früheren Kolonialladens bieten ein romantisches Erlebnis. *95 km südöstl.*

Insider Tipp

CORONET PEAK [132 C3]

Im Sommer kann man den Gipfel (1646 m) in rd. einer Stunde erwandern und herrliche Ausblicke auf Mt. Aspiring und Mt. Cardrona genießen, im Winter ist dies ein gutes Skigebiet. *15 km nördl.*

GLENORCHY [132 C3]

Eine gut ausgebaute Straße (45 Min. Fahrt) führt ans Ende des Lake Wakatipu und in die Einsamkeit des Mt. Aspiring National Park. In der wild-romantischen Umgebung von Glenorchy unternimmt *Dart River Safaris (Tel. 0800/32 78 53 | www.dartriver.co.nz)* Trips zu einigen „Herr-der-Ringe"-Locations (Isengart und Lothlórien). Eine kleine *Possum Fur Factory* verkauft Fellprodukte der Nager.

Auskunft: *Department of Conservation | Tel. 03/442 99 37 | Fax 442 99 38. 50 km nordwestl.*

MT. ASPIRING NATIONAL PARK [132–133 C–D 1–2]

Neuseelands zweitgrößter Nationalpark, beliebtes Ziel für Bergsteiger und Wanderer, erstreckt sich vom Haast Pass bis Lake Wakatipu. Flüsse des Massivs speisen die Seen Wakatipu und Wanaka. Am Fuß des Mt. Aspiring (der Hochragende, 3027 m), an der Ranger-Station *Makarora (am SH 6 zwischen Wanaka und Haast Pass)* beginnt die *Siberia Experience,* eine kombinierte Flug-Wander-Jet-Boat-Tour (4 Std.) durch die atemberaubende Bergwelt *(Mitte Okt.–Mitte April | Haast Pass Tourist Service | Makarora | ca. 270 NZ$ | Tel. 03/443 86 66 | www.siberiaexperience.co.nz).*

OTAGO GOLDFIELDS HERITAGE HIGHWAY [133 D–E 3–4]

Der Weg führt über Cromwell, Alexandra, Roxburgh und Lawrence, von Alexandra auch nach St. Bathan's und Ranfurly, zu verschiedenen alten Schürfanlagen. In *St. Bathan's* [133 D3] ist das *Vulcan Hotel (Tel. 03/447 36 29 | €€),* das zwölf Familien betreiben und in dem man in neun einfachen Zimmern übernachten kann, einen Besuch wert. Eine Broschüre über den Heritage Highway *(www.goldfieldstrust.org.nz)* gibt es beim Department of Conservation in Queenstown. Weitere Infos unter *www.maniototo.co.nz* und *www.centralotagonz.com*

SKIPPERS CANYON [132 C3]

Die imposante Schlucht war Mitte des 19. Jhs. ein Gold-Eldorado. Heute leben im Tal noch ein paar Farmerfamilien und Goldsucher. Die Hänge sind stellenweise vegetationslos der Erosion ausgesetzt. Bei Fahrten mit dem Mietwagen über die schmale, oft gefährliche Straße er-

DIE SÜDINSEL

lischt der Versicherungsschutz. Geführte Touren auf Geländemotorrädern (Denis Columb | Tel. 03/442 78 58 | www.offroad.co.nz). 10 km nördl.

T. S. S. EARNSLAW [132 C3]

Sechsmal täglich startet der alte Dampfer mit einer weithin sichtbaren

(The Puzzling World | tgl. 8.30–17 Uhr | 7 NZ$) und ein Puzzlezentrum; der Flug mit dem Gleitschirm über den Lake Wanaka ist ein Erlebnis (School of Paragliding | Tageskurs ca. 130 NZ$ | Tel. 03/443 91 93). Nicht verpassen sollten Sie am kleinen Airport das große Flugzeug- und das kuriose Auto- und Transportmu-

Berge, Ebenen, Flüsse: Im Mt. Aspiring National Park werden Wanderer-Träume wahr

Rauchfahne zu Fahrten über den Lake Wakatipu. Die 2-stündige Tour führt zur Walter Peak Country Sheep and Cattle Station, wo die Arbeit auf einer Hochlandfarm gezeigt wird. Real Journeys | Steamer Wharf | 40–60 NZ$ | Tel. 03/442 75 00

WANAKA [133 D2]

Die gelassene Antwort auf Queenstown. Wanaka fördert den „sanften Tourismus". Es gibt einen Irrgarten

seum (tgl. 9–17 Uhr | 10 NZ$) sowie die Wanaka Beerworks, eine der besten Brauereien Neuseelands. Alle zwei Jahre (in geraden Jahren) kommen rund 100 000 Besucher zur Flugschau „Warbirds over Wanaka".

Insider Tipp

Das stille Städtchen mit guten Restaurants und günstigen Motels bietet sich an als Ausgangspunkt für Skitouren zum ☀ Treble Cone und zum Cardrona Skifield mit dem gemütlichen Restaurant im Cardrona

Hotel aus dem Jahr 1865 *(20 Zi. | Tel. 03/443 81 53 | €€)* nahe der Auffahrt zum Skigebiet. An der Kneipe vorbei führt der Hwy. 89 über die ✴ *Crown Range* nach Queenstown. Die Strecke ist komplett asphaltiert, bleibt aber im Winter manchmal wegen Schneefalls geschlossen. Die Fahrt bietet traumhafte Ausblicke auf das Wakatipu-Tal und Lake Hayes.

Auskunft: *Department of Conservation | Ardmore St. | Tel. 03/443 12 33 | Fax 443 92 38; Wanaka i-Site | The Log Cabin, Waterfront | Tel. 03/443 12 33 | www.lakewanaka.co.nz. 10 km östl.*

STEWART ISLAND

[132 B–C6] Auf Stewart Island ist das Ende der Welt so gut wie erreicht. *Te Punga-o-te-waka-a-Maui,* **der „Anker des Kanus von Maui", so heißt die Insel in der Maori-Mythologie, in der das Kanu die** Südinsel ist, mit dem der Halbgott Maui den „Fisch" Nordinsel aus dem Wasser zog. Und hätte James Cook 1770 Recht gehabt, wäre es vielen Menschen nach ihm auf dem Weg nach Stewart Island vermutlich weniger übel ergangen. Der britische Seefahrer hielt das Eiland nämlich irrtümlicherweise für eine Halbinsel der Südinsel. So müht sich heute der Katamaran mit seinen Passagieren durch eine der rauesten Meeresstraßen der Welt: die an dieser Stelle 32 km breite *Foveaux Strait.* Zwar meldet die Insel auch Sonnenschein, doch Nebel und Regen sind häufiger zu registrieren – an durchschnittlich 255 Tagen im Jahr.

Stewart Island, *New Zealand's best kept secret,* wie es so schön heißt, hat schon längst sein Herz für den Tourismus entdeckt und bietet Tagesausflüge für einen ersten Eindruck der Insel an. Dann lernt man vor allem das 20 km lange Straßennetz und die mit 400 Ew. einzige An-

Auf guten Fang dürfen Stewart Islands Fischer öfter hoffen, auf so gutes Wetter eher selten

siedlung der Insel, *Halfmoon Bay (Oban),* per Minibus kennen, bummelt an den drei Fischfabriken vorbei, am Pub, dem sehr reizvollen *Church Hill Café/Restaurant (Kamahi Rd.),* der Grundschule, dem kleinen Museum und dem Krämerladen, der sich mangels Konkurrenz Supermarkt nennen darf. Oder setzt sich ein paar Minuten an den *Fred Lonnecker Beach,* kleiner Teil der insgesamt über 1600 km langen Küstenlinie. Intensive Einblicke in die 1680 km² große Insel, seit 2002 Neuseelands jüngster und 14. Nationalpark, vermitteln rund 200 km Wanderwege, die durch meist aufgeweichten Boden und dichten Busch führen.

Vogel- und Pflanzenliebhaber bilden den größten Teil der Stewart-Island-Touristen. Wer Glück hat, dem läuft im Dickicht der Farne ein scheuer Kiwi vor die Füße. Die durchschnittlichen Tagestemperaturen liegen auf der Insel im Winter bei 9, im Sommer bei 18 Grad. Aber das stört die naturliebenden Wanderer ebensowenig wie die Fischer, die Flundern, Lachse, Thunfische, Kabeljau, Red Snapper, Jakobsmuscheln und Langusten aus dem Pazifik und dem nahen Südpolarmeer holen.

■ SEHENSWERTES

BIG GLORY BAY

Im glasklaren und durchschnittlich 15 Grad kühlen Wasser hat sich eine Lachsfarm unter idealen Bedingungen angesiedelt. Jährlich werden mehr als 500 t Lachs exportiert. *Ausflüge mit Seabuzzz | Tel. 03/219 12 82 | www.seabuzzz.co.nz*

PATERSON INLET

Besonders romantisch sind Ausflüge auf den ★ ❉ *Observation Point* über dem Paterson Inlet. In klaren Nächten lässt sich die Sternenformation Southern Cross (Kreuz des Südens) besonders gut beobachten – auf der neuseeländischen Flagge symbolisch wiedergegeben mit vier Sternen, die ein Kreuz formen. Rakiura, „himmlisches Leuchten", ist der polynesische Name für Stewart Island. An das Missionarsehepaar Wohlers, das zwischen 1844 und 1855 gemeinsam mit den Maori auf der Insel lebte, erinnert ein Grabstein nahe dem *Ringaringa Beach. Ulva Island,* eine Insel im Paterson Inlet, erreichen Sie innerhalb einer Stunde mit dem Wassertaxi von Halfmoon Bay aus: Wunderbare Strände, eine faszinierende Vogelwelt und ein Waldlehrpfad erwarten Sie *(www.ulva.co.nz).*

■ ÜBERNACHTEN

Es gibt nur wenige Motels, z.B. das *South Sea Hotel* am Hafen *(Tel. 03/219 10 59 | www.stewart-Island.co.nz | €–€€).* Fragen Sie in der i-Site oder schauen sie unter *www.stewartisland.co.nz.*

STEWART ISLAND LODGE

Beste Unterkunft auf der Insel mit allerdings nur fünf (komfortablen) Zimmern. *14 Nichol Rd. | Halfmoon Bay | Tel./Fax 03/219 10 85 | www.stewartislandlodge. co.nz | €€€*

■ FREIZEIT & SPORT

KIWI SPOTTING

Insider Tipp

Im Halbdunkel ist man dem kugelrunden Kiwi diskret auf der Spur

(Bravo Adventures | Tel./Fax 03/ 219 11 44 oder Ruggedy Range | Tel. 03/219 10 66 | www.ruggedyrange. com | möglichst lange im Voraus reservieren!).

NORTH WEST CIRCUIT

Einer der populärsten Tracks im Norden der Insel. Auf der 125 km langen Route ist man zwischen acht und zehn Tagen unterwegs. Eine ausgesprochen gute Kondition sowie strapazierfähige und wetterfeste Ausrüstung sind unabdingbar. Die kostenfrei zu nutzenden Hütten, in Abständen von Tagesmärschen, sind kärglich ausgerüstet *(keine Reservierungen!).* Im Dezember und Januar sind viele Wanderer unterwegs. Eine Alternative ist der 36 km lange, mit Holzbohlen bestens ausgebaute *Rakiura Track.* Für die dreitägige Wanderung benötigt man einen „Great Walks Pass" vom Department of Conservation.

■ AM ABEND

Das Nachtleben auf Stewart Island beschränkt sich auf ein letztes Bier zum Billardspiel im *South Sea Hotel* gleich am Hafen.

■ ANREISE

Die Anreise erfolgt entweder mit dem Katamaran „Foveaux Express" *(60 Min. Fahrzeit, ab Bluff, Sept. bis April tgl. z. B. 9.30 und 17 Uhr, ab Stewart Island jeweils 90 Min. früher | Stewart Island Marine | Tel. 03/ 212 76 60 | www.foveauxexpress.co. nz | nur Personenbeförderung!)* oder mit dem Flugzeug von Invercargill aus *(Stewart Island Flights | mehrmals tgl. | Tel. 03/218 91 29 | www.*

stewartislandflights.com). Ihr Gepäck darf nicht schwerer als 15 kg sein. Der Flugpreis beträgt 165 NZ\$ (hin und zurück), mit der Fähre kostet es ca. 110 NZ\$. Die Jugendherberge in *Invercargill* [132 C5] vermittelt preiswerte Flüge zur Insel (auch auf Stand-by-Basis). Für Superlativ-Sammler: Der am weitesten von Deutschland entfernte zivile Flugplatz liegt auf Stewart Island.

■ AUSKUNFT

DEPARTMENT OF CONSERVATION

Landkarten sowie Infoblätter zu den „Walks". *Main Road | Tel. 03/ 219 00 02 | Fax 219 00 03 | www. doc.govt.nz*

STEWART ISLAND I-SITE

12 Elgin Tce. | Tel. 03/219 14 00 | Fax 219 10 22 | www.stewartisland.co.nz

INVERCARGILL I-SITE

Vor der Anreise gibt es in Invercargill die besten Auskünfte. *Victoria St. | Southland Museum | Tel. 03/ 214 62 43 | Fax 218 97 53 | www. southland.org.nz*

■ ZIEL IN DER UMGEBUNG

BLUFF [132 C5]

Dieser Ort ist Heimathafen einer großen Fischereiflotte und zugleich Standort einer mächtigen Aluminiumhütte. Von Bluff aus fährt die Fähre in einer Stunde nach Stewart Island. Die Südspitze der Insel ist ein idealer Standort für ein Erinnerungsfoto vor einem *Signpost,* der anzeigt, dass man von Hamburg 18 298 km und von New York 15 008 km entfernt ist. Bis zum Südpol sind es 5200 km …

Im Fiordland National Park, dem größten Nationalpark Neuseelands

TE ANAU

[132 B3] Das kleine Städtchen am Südostende des Lake Te Anau ist Ausgangspunkt für Touren in den Fiordland National Park, mit 1,2 Mio. ha Neuseelands größter Nationalpark und nur zu einem kleinen Teil erforscht. Diesen Urwald haben auch die ersten Siedler vorgefunden. Was dazu führt, dass sich allerlei unheimliche Geschichten um die *great hairy moehau* drehen, ein Rudel „großfüßiger Menschenaffen". Andere blutrünstige Horrorstorys handeln von den „Angriffen" der berüchtigten *sandflies,* winziger, fliegenähnlicher Tiere, an deren Biss noch nach Tagen ein lästiger Juckreiz auf der Haut erinnert. Der Lake Te Anau ist mit seinen 344 km^2 der größte See auf der ganzen Südinsel. Er ragt mit seinen Fjorden weit in das Landesinnere hinein.

Das Fiordland, das vor etwa 500 Mio. Jahren entstand, ist bis zum heutigen Tag wild und unzugänglich geblieben. Doubtful Sound und vor allem der Milford Sound sind die touristisch am besten erschlossenen Teile des Fiordlands. Wer sich auf lange Wanderungen in unberührter Natur freut, sollte wissen, dass in der Fiordland-Region bis zu 7 m Niederschlag jährlich gemessen werden. Und abenteuerlich ist noch so manche Strecke: Hängebrücken über Flüsse und Schluchten bestehen manchmal nur aus drei Drähten – einem für die Füße und zwei für die Hände.

■ SEHENSWERTES

GLOWWORM CAVES

„Die Höhle der wirbelnden Wasser" *(Te Ana-au)* ist eine einmalige Glühwürmchengrotte, die nur mit dem Schiff in einer halben Stunde von Te Anau aus zu erreichen ist. Glühwürmchen sind Larven einer Mückenart. Sie locken mit ihren Leuchtfäden Insekten an, um sie zu verspeisen. *Real Journeys | Te Anau | tgl. 14 und 20.15 Uhr | 56 NZ$ | Tel. 03/ 249 74 16*

TE ANAU

■ ÜBERNACHTEN ■

FIORDLAND LODGE

Im gemütlichen Blockhausstil gestaltete Lodge mit Blick auf den See und kleinem Restaurant. *10 Zi. | 472 Te Anau Milford Highway (ca. 10 Fahrmin. von Te Anau) | Tel. 03/249 78 32 | www.fiordlandlodge.co.nz | €€€*

TE ANAU LAKEVIEW HOLIDAY PARK

Campingplatz mit preiswerten *cabins*, etwas außerhalb der Ortschaft. *Manapouri Rd. | Tel. 03/249 75 36 | www.teanauholidaypark.co.nz | €–€€*

■ FREIZEIT & SPORT ■

WANDERUNGEN

Für Wanderer und Naturliebhaber ist die ursprüngliche Wildnis die ideale Landschaft. Der ❋ *Milford Track* ist der beliebteste Weg – und ziemlich frequentiert. Geführte Touren sind teuer, auch Individualwanderer müssen zahlen *(ca. 180 NZ$ inkl. Transfers, kann im Voraus mit Kreditkarte bezahlt werden)* und sich

Wochen zuvor schriftlich beim *Fiordland National Park Visitor Centre (Tel. 03/249 85 14 | Fax 249 85 15 | www.doc.govt.nz)* anmelden. Der 54 km lange Weg erfordert eine gute Kondition. Wandern Sie sechs Stunden täglich, ist er in vier Tagen zu bewältigen. Der Track, der eine märchenhafte Landschaft bietet – u. a. führt er an den *Mirror Lakes* vorbei, in dessen glatter Oberfläche sich die Bergwelt spiegelt – beginnt am Glade House (nördliches Ende des Lake Te Anau) und endet in Milford *(Geführte Tour: 5 Tage mit Übernachtung in Hütten ca. 1800 NZ$ | www.ultimatehikes.co.nz).*

Eine Alternative ist der in drei Tagen (39 km) zu bewältigende ❋ *Routeburn Track*. Er beginnt bei Glenorchy (Lake Wakatipu), endet 30 km vor dem Milford Sound und führt durch eine faszinierende Bergwelt. Die beste Wanderzeit ist November bis März *(geführte Wanderungen organisiert Ultimate Hikes |*

Bietet märchenhafte Anblicke, ist aber nur etwas für Trainierte: der Milford Track

www.ultimatehikes.co.nz). Auch Tagestouren sind möglich (ca. 160 NZ$).

AUSKUNFT

FIORDLAND NATIONAL PARK VISITOR CENTRE

Informations- und Reservierungsstelle für Wanderungen. Lakefront Dr. | Te Anau | Tel. 03/249 79 24 | Fax 249 76 13 | www.doc.govt.nz

TE ANAU I-SITE

Lakefront Dr. | Tel. 03/249 89 00 | Fax 249 70 22 | www.fiordlandnz. com

ZIELE IN DER UMGEBUNG

DOUBTFUL SOUND [132 A3]

Die knapp 7-stündige, herrliche Tour führt über den Lake Manapouri, mit 450 m tiefster und für viele auch schönster See Neuseelands, zum Doubtful Sound. Am Westarm des Sees kann das Kraftwerk besichtigt werden, dessen gigantische Maschinenhalle sich 200 m unter der Erdoberfläche befindet und das fast sämtliche Energie an die Aluminiumhütte in Bluff abgibt. Buchung: Real Journeys | Lakefront Dr. | Te Anau | 280 NZ$ ab Te Anau oder Lake Manapouri | Tel. 03/249 74 16 | www. realjourneys.co.nz

MILFORD SOUND ★ [132 B2]

Der 1692 m hohe Mitre Peak ist das bekannteste Fotomotiv des Milford Sound. Bootstouren von rund anderthalb Stunden führen durch den 16 km langen Fjord bis zur Tasman Sea, vorbei an den mächtigen Bowen-Wasserfällen, den Robben- und Pinguinkolonien, begleitet von Delphinen. Ein Blick unter Wasser lohnt sich ebenfalls: Das Underwater Ob-

servatory Milford Deep in Harrison Cove führt Sie 8 m tief in das Reich roter Korallen und Seepferdchen und demonstriert eindrucksvoll den dunklen Lebensraum des Fjords. Red Boat Cruises und Real Journeys steuern die Station als Bestandteil einiger Milford-Sound-Touren an.

Etwa zweieinhalb Stunden dauert die Autofahrt von Te Anau nach Milford (rund 100 km). Auf der wohl schönsten Bergstrecke Neuseelands passiert man die Mirror Lakes und den düsteren 1,2 km langen Homer Tunnel, hinter dem das Wetter oft schlagartig wechselt. Hier stoppen fast alle Touristen, um die frechen, aber liebenswürdigen Bergpapageien, die Keas, zu füttern. Eine Unsitte, die den Tieren schlecht bekommt.

Für eilige Touristen gibt es die Coach 'n' Fly-Tagestour (Real Journeys | Steamer Wharf | Queenstown | ca. 590 NZ$ | Tel. 03/442 75 00) ab Queenstown: mit dem Bus nach Milford Sound, von dort Bootstour durch den Sound und dann mit dem Flugzeug zurück nach Queenstown. Beliebt ist der Hin- und Rückflug ab Queenstown (Dauer des Ausflugs 4 Std., inkl. 90-min. Schiffstour im Sound | Air Milford | ca. 410 NZ$ | Tel. 0800/46 22 52 | www.airmilford. co.nz). Auch Kabinenboote fahren im Fjord, die „Milford Wanderer" (295 NZ$ ab Te Anau), und „Milford Mariner" (345 NZ$ | ab Te Anau | beide zu buchen über www.realjourneys.co.nz). Außer einer einfachen Backpacker Lodge mit ein paar Wohnmobilplätzen (Milford Sound Lodge | Tel. 03/249 80 71) gibt es am Milford Sound keine Übernachtungsmöglichkeit.

> NATUR ABSEITS DER HAUPTWEGE

Auf der Küstenstraße durch den wilden Osten der Nordinsel oder mit dem Kajak an Regenwaldlagunen und Robbenkolonien vorbei

Die Touren sind auf dem hinteren Umschlag und im Reiseatlas grün markiert

1 EASTLAND – NEUSEELANDS WILDES OSTENDE

An der Westseite dunkle, mit Treibholz bedeckte Strände, im Osten helle weiche Sandbuchten und dazwischen die keck in den Pazifik hinausragenden Klippen des East Cape: Der Pacific Coast Highway führt durch eine der entlegensten Ecken der Nordinsel. Dort, wo die naturbelassene Einsamkeit aufhört, leben überwiegend Maori in kleinen Ansiedlungen. Hier liegt auch die weinselige Stadt Gisborne, „The First City to see the Light". Dauer der Route von Opotiki nach Gisborne: 2–3 Tage (334 km).

Dünenketten und Strände ohne Ende gleich hinter Opotiki. Die terrassierten Hänge des Tirohanga Bluff zeugen von früher Besiedlung durch die Maori. Jedesmal, wenn der Pacific Coast Highway in engen Serpentinen aus dem steil aufragenden Hinterland zur Küste zurückkehrt, wird er mit

Bild: East Cape

AUSFLÜGE & TOUREN

donnernder Brandung begrüßt. Die wilden Wasser des einmündenden Motu River sind ideal für rasante Rafting-Touren, die ab Opotiki angeboten werden. Zum touristischen Komfort am Rand des Highway gehören die 14 einfachen Zimmer des ✲ *Te Kaha Hotel Aussicht (Tel. 07/325 28 30)* mit atemberaubendem Meerblick und *Pacific Coast Macademias (Whanarua Bay | www.maca nuts.co.nz)*, wo die Edelnüsse angebaut und verkauft werden. Im Eastland wird mit Touristen rau, aber herzlich umgegangen, solange sie sich von Maori-Land fernhalten, auf dem Schilder mit „Betreten verboten!" mahnen. Auch die feinsandige **Whangaparaoa-Bucht** unterhalb des steil aufragenden Cape Runaway ist als Stammesland ausgewiesen, von dem „weder Sand noch Steine entfernt werden dürfen". Durch die verschlafene Maori-Siedlung **Te Araroa**, vorbei am vermutlich 600 Jahren alten und damit ältesten Pohutukawa-Baum, führt die Route zum östlichsten Punkt Neuseelands: Hoch oben am **East Cape** warnt ein strahlend weißer Leuchtturm die Seefahrt vor den gefährlichen Klippen.

An der Ostseite schlägt der Pacific Coast Highway enge Haken durch dicht bewaldetes Bergland. Wo sich die Täler zu weitem Farmland öffnen, formen schmucklose Häuser das Städtchen **Ruatoria**, Zentrum streitbarer Maori vom Stamm der Ngati Porou. Ihm gehört der 1754 m hohe **Mount Hikurangi** *(s. S. 100)*, der nur mit Erlaubnis bestiegen werden darf, um die ersten Sonnenstrahlen des neuen Tages aus dem Pazifik blinzeln zu sehen.

Weiter Richtung Süden verliert die Küstenlinie langsam an Schroffheit, bis schließlich eine feinsandige Bucht der nächsten folgt. Die nur von einem Marae beseelte **Waipiro Bay** lohnt ebenso einen Abstecher wie die in der Maori-Mythologie bedeutsame **Bucht von Wharekaka**. Zwischendurch ein aufwärmendes Bad im Thermalwasser der *Te Puia Springs*, bevor man zur **Tokomaru Bay** abzweigt, zum weit ins Wasser ragenden Bootssteg. Wer anschließend die **Tolaga Bay** nicht links liegen lässt, kann auf dem 2,6 km langen *Cooks Cove Walkway* zu pittoresk geformten Höhlen wandern.

Ein Sonnenplätzchen am wunderschönen **Wainui Beach**, lässt nicht ahnen, dass hier immer wieder Wale stranden und verenden. Der eingezäunte Sandhügel in der Nähe ist das Massengrab von 59 Pottwalen, die alle im Jahr 1970 den Tod fanden. Im Dorf **Whangara** wurde 2002 der preisgekrönte Kinofilm „Whale Rider" *(www.whalerider.de)* gedreht. Geführte Touren ab Gisborne *(Wale Rider Tours | Tel. 06/868 61 39)*.

In der **Poverty Bay** erreicht die Route die freundliche Küstenstadt **Gisborne**, Zentrum eines kleinen, aber feinen

In der Region Gisborne betrieben schon die ersten Siedler Weinbau

Weinanbaugebiets. Einen Wegweiser zu den Kellereien hat die i-Site im Zentrum vorrätig *(209 Grey St. | Tel. 06/868 61 39 | www.gisbornenz.com)*. Westlich Gisbornes mündet der Pacific Coast Highway in den Hwy. 2, der zurück zum Ausgangspunkt der Tour führt. Infos: *www. pacificcoast.co.nz*

2 PADDELSCHLÄGE AM REGENWALD

Die Kajak-Tour führt dicht vorbei an den malerischen Sandbuchten des Abel Tasman National Park. Während Wanderer sich auf dem überlaufenen Coastal Track in die Quere kommen, können Sie die erfrischende Brise auf dem Wasser genießen und einsame Strände zum Picknick ansteuern. Damit Sie diese und andere schöne Ecken auch finden und auf die gesellige, abendliche Runde am Lagerfeuer nicht verzichten müssen, empfehlen wir die geführte dreitägige „Classic Tour" ab Marahau Beach. Zelt, Kajak und Proviant werden gestellt (Abel Tasman Kayaks | Tel. 03/527 80 22 oder 0800/52 78 02 | www.abeltasmankayaks. co.nz | ab 560 NZ$).

An Land werden Schwimmwesten, Spritzdecken und Fußsteuerung angepasst. Noch ein paar Trockenübungen für die unerfahrenen Paddler – und los geht's. Im Schutz von Adele Island lernen selbst Ungeübte schnell mit Paddel und Steuerung umzugehen. Auf dem Eiland hat sich eine Robbenkolonie häuslich eingerichtet. Appletree Bay und Stilwell Bay heißen die hübschen Buchten, deren Sandsicheln nach ca. drei Stunden hinter den Kajaks liegen. Mit etwas Glück gibt es jetzt schon Geleit von verspielt auftauchenden Delphinen.

Der Lunchstopp lässt auch Zeit zum Baden oder für kurze Spaziergänge in den schattigen Wald des Parks. Wieder auf dem Wasser gilt es, die erste richtige Herausforderung zu meistern: die Umrundung von Pitts Head durch windgepeitschte Wellen. In der ausladenden Torrent Bay kommen die Kajaks dann wieder zur Ruhe. Je nach Gezeiten können Sie hier in eine Lagune im Regenwald vordringen, geschützter Lebensraum für See- und andere Vögel.

Ziel des zweiten Tags ist Tonga Island weiter nördlich. Frenchman Bay und Sandfly Bay lassen die Kajaks nur bei Flut hinein. Anders die malerische Bark Bay, der richtige Ort für eine Badepause. Tonga Island ist Teil einer Marine Reserve, in der nicht gefischt werden darf. Bis zu 200 Robben sind auf der Insel zu Hause. Zutraulich sind vor allem die Jungtiere, die sich neugierig den Kajaks nähern.

Die zweite Tagesetappe endet bereits nachmittags am Strand von Tonga Quarry, sodass Zeit bleibt zum Schwimmen, Schnorcheln und Wandern. Nach Einbruch der Dunkelheit lockt ein Nacht-Paddel-Trip wieder hinaus aufs Wasser – unter klarem Sternenhimmel und bei Vollmond ein unglaublich romantisches Erlebnis.

Am nächsten Morgen hilft die Brise von Norden bei der Rückkehr voranzukommen. Schließlich formieren sich alle Kajaks zu einem Floß, der Wind bläst kräftig von hinten in ein zwischen zwei Paddel gespanntes Sonnensegel. So bleibt noch Zeit für einen letzten Stopp auf Adele Island. Leider ist es noch zu früh für die niedlichen Blue Penguins, die hier später am Abend ihre Nistplätze aufsuchen.

EIN TAG IN AUCKLAND

Action pur und einmalige Erlebnisse.
Gehen Sie auf Tour mit unserem Szene-Scout

GOOD MORNING SUNSHINE!

6:30

Besser kann der Tag nicht beginnen: im *Fix Café* mit Brownie und Kaffee versorgen und im Sonnenaufgang über die Sandbänke stapfen! Das *Tahuna Torea Naturreservat* ist der perfekte Ort um der Natur beim Erwachen zuzusehen! Den Schildern Richtung Sandspit Beach folgen und den Blick aufs Meer genießen. **WO?** *Start: 3 Roberta Ave., Glendowie*

8:00

ABENTEUER

Jetzt nicht lange fackeln und mit den Guides von *Awol Adventures* beim Canyoning in die nassen Fluten stürzen. Im *Waitakere Regional Park* warten Wasserfälle und Felsen auf mutige Bezwinger! **WO?** *Dominion Rd. | Tel. 09/834 05 01 | Kosten: NZ$ 125 | www.awoladventures.co.nz*

FISCH & BLICK

13:00

Wer mit Traumblick auf den Hafen diniert, wählt natürlich frisches Seafood aus der Mittagskarte. Kleine Auswahl gefällig? Austern mit Rotwein-Vinaigrette oder im Ofen gebackener Hapuku-Fisch mit Artischockenpüree und Wasserkresse verwöhnen selbst anspruchsvollste Geschmacksnerven! **WO?** *1st Floor Viaduct Quay, Corner Lower Hobson & Quay St. | Reservierung unter: 09/309 04 12 | www.kermadec.co.nz*

14:30

SKY WALK

Dem Himmel so nah, dass einem fast der Atem stockt! In 192 m Höhe wird jetzt, gut gesichert, der Sky Tower umrundet. Das bringt nicht nur jede Menge Spaß und Nervenkitzel, sondern auch einen atemberaubenden Blick über Auckland. Wer Fragen hat, jetzt stellen, denn der Guide weiß alles über die City **WO?** *Skytower, Cnr Federal and Victoria St. | Anmeldung unter Tel. 09/368 18 35 | Kosten: ca. NZ$ 115 | www.skywalk.co.nz*

24 h

EINTAUCHEN...

16:00

...in die Kunst der Maori. Während der Tour mit *Potiki Adventures* erlebt man traditionelle Handwerker live. U. a. steht Flax-Weaving – Weben mit Blättern – auf dem Programm. Hier darf man sogar selber ran und sein Glück beim Herstellen von Taschen und Co. versuchen. Weiteres Highlight: der Besuch bei einem Jade-Künstler. **WO?** Newton, Auckland, Aotearoa | Tel. 09/845 59 32 | Kosten: ab NZ$ 350/Person | www.potikiadventures.com

19:30

DANCE ON SNOW

Vor dem Dinner wird's nochmal sportlich und zwar in der Skihalle *Snowplanet*. Am besten gleich Ausrüstung ausleihen, Snowboard anschnallen und möglichst lässig die Piste bezwingen. Spaßfaktor = extrem! **WO?** 91 Small Rd., Silverdale | Kosten: Eintritt NZ$ 35/1Std. | Verleih/Ausrüstung NZ$ 15 | www.snowplanet.co.nz

AUFGETISCHT

Beim Lesen der Speisekarte im Restaurant *Rice* läuft einem das Wasser im Mund

21:00

zusammen. Schweinefleisch mit Chilli-Karamel-Dip, geeister Nudelsalat mit süßem Maiskuchen und Glückskekse mit Schoko-Sauce – hier ist garantiert für jeden etwas dabei. **WO?** 0 – 12 Federal St. | Tel. 09/359 91 13 | www.rice.co.nz

22:30

DOPPELT HÄLT BESSER

Zuerst nippt man im *The Whiskey*, dem lokalen Lieblingsspot, an einem Chocolate Martini und nimmt die lässige Atmosphäre auf. Danach geht's in die *Crowbar*. Mit einem Drink in der Hand auf den schokobraunen Ledersofas chillen und dann den Billardtisch erobern. Wer noch ein bisschen mehr Bewegung braucht, wippt zu den Beats auf der Tanzfläche! **WO?** The Whiskey: 210 Ponsonby Rd. | www.whiskeybars.com | Crowbar: 26 Wyndham St. | www.crowbar.co.nz

> WASSERSPORT UND WANDERLUST

Neuseeland ist sicherlich der reizvollste Sportplatz der Welt mit viel Freiraum für Naturliebhaber, Wasserratten und Abenteurer

> Bei der Angebotsvielfalt kommen selbst Sportmuffel nicht umhin, sich körperlich zu betätigen. Sie können eine ruhige Kugel über einen der schönen Golfplätze schieben, schweißtreibende Mountainbiketouren unternehmen oder sich am Tandemgleitschirm bzw. Bungeeseil einfach fallen lassen. Hier ein paar Anregungen:

ANGELN

Die nötige Lizenz können Sie vor Ort in fast jedem Sportgeschäft kaufen (ca. 19 NZ$/Tag, 100 NZ$/Saison | *www.fishandgame.org.nz*). Dort erfahren Sie, auf welche Stückzahl der tägliche Fang begrenzt ist. Lake Taupo ist berühmt für *trouts* (Forellen). Wer in Queenstown mit *Stu Dever (Tel. 03/442 63 71)* am frühen Morgen auf den *Lake Wakatipu* hinausfährt, hat gute Chancen, eine fleischige Lachsforelle an den Haken zu bekommen. Hochseefischen ist viel versprechend in der Bay of Is-

Bild: Reiter überqueren den Arrow River

lands, wo Sie auf dem Boot von *Geoff Stone (Tel. 027/437 78 44 | www.majortom.co.nz)* die Angel nach einem Schwertfisch auswerfen können.

▊ GOLF ▊▊

Der neuseeländische Volkssport ist auch für Touristen ein günstiges Vergnügen *(Greenfee 15–40 NZ\$/Person, auf exklusiven Plätzen wie Millbrook bei Arrowtown um die 125 NZ\$)*. Zu den reizvollsten der über 400 Golfplätze zählen der auf einer Halbinsel im Lake Wakatipu liegende *Kelvin Heights Golf Course* bei Queenstown *(Peninsula Rd. | Kelvin Heights | Tel. 03/442 91 69)*, der zwischen Thermalquellen zu bespielende *Arikikapakapa Course* in Rotorua *(beim Maori Arts and Crafts Institute | Tel. 07/348 40 51)*, der aussichtsreiche ✲ *Waitangi Course* oberhalb der Bay of Islands *(Tau He-*

Insider Tipp

nere Dr. | Tel. 09/402 77 13) und der von Sanddünen umgebene Platz in *Paraparaumu* bei Wellington *(376 Kapiti Rd. | Tel. 04/902 82 00).*

■ KAJAK- & KANUFAHREN ■

Tief in die menschenleere Wildnis des *Whanganui National Park* bringt Sie der Whanganui River. Touren mit Mietkanus ab Owhango veranstaltet *Wades Landing Outdoors (Tel. 06/ 895 59 95).* Durch die lieblichen Buchten des *Abel Tasman National Park* führt ab Marahau Beach *Abel Tasman Kayaks (Tel. 03/527 80 22).* In luftgefüllten Kanus, den „Fun Yaks", lässt sich die idyllische Einsamkeit auf dem *Dart River* bei *Glenorchy* erleben *(Tel. 03/442 73 74 | Bustransfer ab Queenstown).*

■ MOUNTAINBIKING & RADFAHREN

NZ Pedaltours in Auckland (Tel. 09/ 302 09 68) organisiert mehrtägige Bustouren, bei denen Sie nur auf den reizvollsten Abschnitten radeln. Mehrtägige geführte Radtouren ab Christchurch offeriert *Pacific Cycle Tours (Tel. 03/329 99 13 | www.bikenz.com).* Anspruchsvolle Moutainbiketrips bietet die Südinsel: z.B. individuell für erfahrene Biker auf dem *Queen Charlotte Track* durch die Marlborough Sounds *(März–Nov., Marlborough Sounds Adventure Company | Tel. 03/573 60 78)* oder geführt in die Skippers-Goldgräberschlucht bei Queenstown *(Gravity Action | Buchungen über Information & Track Centre | 37 Shotover St. | Tel. 03/442 97 08 | www.infotrack.co.nz).* Besonders schön und bestens erschlossen ist der *Rail Trail* zwischen

Insider Tipp

Dunedin/Middlemarch und Clyde bzw. Queenstown. Infos und Buchungen unter *www.otagorailtrail. co.nz.* Achtung: In Neuseeland gilt Helmpflicht für Radfahrer!

■ REITEN ■

Orts- und pferdekundige Guides von *Backcountry Saddle Expedition* im Cardrona Valley zwischen Wanaka und Queenstown bieten Ausritte (auch Anfänger) über die Southern Alps an *(am Hwy. 83 | Tel. 03/ 443 81 51).* Ebenfalls anfängertauglich sind geführte Ausritte über den strahlend weißen Sand des *Wharariki Beach* in der Golden Bay *(Cape Farewell Horse Treks | Tel. 03/524 80 31).*

■ SEGELN ■

Topsegelrevier ist zweifellos die *Bay of Islands* mit kräftigem Wind, aber vielen geschützten Buchten. Beliebt ist auch die Route zwischen Auckland und der Bay of Islands. Infos unter *www.charterguide.co.nz*

Wer nur einen Tag auf dem Wasser verbringen will, hisst die Segel auf dem *Lake Taupo.* Ausgangspunkt ist der Hafen von Taupo, wo die Yachten auf Kundschaft warten.

■ SKILAUFEN ■

Wer im neuseeländischen Winter (Juli–Sept.) *down under* landet, für den heißt es Schnee und Rodeln gut am *Ruapehu,* dem einzigen kommerziellen Wintersportgebiet der Nordinsel.

Auf der Südinsel liegen bei Wanaka mit der *Waiorau Nordic Ski Area* nicht nur die einzige Langlaufloipe des Landes, sondern in der Alpenregion auch die schönsten öffent-

SPORT & AKTIVITÄTEN

lichen Skigebiete. Allen voran bei Queenstown *Coronet Peak* mit regelrechtem Skizirkus, *The Remarkables* und *Cardrona* mit anspruchsvollen Abfahrten. *Treble Cone* im Westen Wanakas bietet traumhafte Winteraussichten. Infos unter *www.nzski.com*, *www.lakewanaka.co.nz*, *www.whakapapa.co.nz*, *www.snow.co.nz*

◼ SURFEN & WINDSURFEN ◼

Die Küsten der Südinsel sind für Surfboards bzw. kompaktere Boogieboards wie geschaffen, an der Nordinsel lässt sich besser windsurfen: z.B. vor *Oakura* bei New Plymouth, am *Piha Beach* im Westen Aucklands sowie am *Orewa Beach* an der Hibiscus Coast. Auf der Südinsel wird *Sumner* bei Christchurch allen Surfern gleichermaßen gerecht. In der seichten Bucht von *Ferrymead* lässt sich selbst Kitesurfing bestens üben (Kurse und Verleih: *East Coast Boardriding Co. Ltd.* | *1091 Ferry Rd.* | *Tel. 03/384 37 88*). Die jugendliche Surferszene findet man in ▶▶ *Raglan* an der Westseite der Nordinsel (Kurse/Verleih: *Raglan Surfing School* | *Tel. 07/825 78 73* | *www.raglan.net.nz*).

◼ WANDERN ◼

Detaillierte Wanderkarten und wichtige Auskünfte wie die Wettervorhersage erhalten Sie vor Ort beim *Departement of Conservation* (DOC | *www.doc.govt.nz*). Hier müssen Sie sich auch für die populärsten mehrtägigen Wanderungen, die „Great Walks", anmelden, z. B. für den *Abel Tasman Coastal Track*, den *Lake Waikaremoana Track*, den *Milford Track* und den *Routeburn Track*. In den Hütten an den Wanderwegen kann es manchmal eng werden – nehmen Sie am besten ein Zelt und Wasservorräte mit.

Reizvolle Radtouren bieten sich vielerorts an. Hauptsache, Sie denken an den Linksverkehr!

> SPIEL UND SPASS IM KIWI-LAND

Nach dem Langstreckenflug landen Familien in einem
ausgesprochen kinderfreundlichen Land

> In Neuseeland liegt die Geburtenrate
mit durchschnittlich zwei Kindern pro Familie höher als in Mitteleuropa. Und bei
den Maori spielen die Kinder traditionell
die Hauptrolle in der Familie. Denn vor der
Ankunft der Europäer hat nur die Nach-
kommenschaft die Existenz des Stammes
sichern können.

So gut wie jedes Restaurant offeriert
Kinderstühle und Kindermenüs. Spe-
zielle Familienrestaurants halten die
Kleinen mit Malutensilien und Spiel-

ecken bei Laune. Und keine Angst:
An den Nebentischen wird niemand
missbilligend gucken, nur weil Ihr
Nachwuchs den Lärmpegel in die
Höhe treibt. Wo es eine Damentoi-
lette gibt, findet sich meist auch ein
Wickeltisch. Das Aufwärmen des
Fläschchens wird überall in der Gas-
tronomie gern erledigt.

Verrückt sind die kleinen Kiwis
nach Eis. Das gibt es an jeder Ecke,
in jeder Geschmacksrichtung und

> www.marcopolo.de/neuseeland

MIT KINDERN REISEN

Farbe und am liebsten schön sahnig. Ganz oben auf der Hitliste: die bis zu 180 Sorten von *Gourmet Ice Cream Co. (2 Awatea St. | Dunedin), Kapiti Ice Cream (Lindale Farm am SH 1 in Paraparaumu zwischen Levin und Wellington)* sowie *Rush Munro´s Ice Cream*, die seit Generationen die Kinder nach der Schule in Rush *Munro´s Ice Cream Garden* lockt *(Heretaunga St. West, Hastings bei Napier)*.

Übernachten mit Kindern muss nicht teuer sein. In vielen Hotel- und Motelzimmern stehen Zusatzbetten. Mit Mikrowelle ausgestattete Küchenzeilen sind keine Seltenheit. Auf Campingplätzen haben Sie vielerorts die Wahl zwischen *cabins* bzw. Bungalows mit mehreren Schlafplätzen. Wer im Wohnmobil durchs Land reisen will, kann Campervans mit bis zu sechs Betten mieten. Kinder bis zwei Jahre müssen im Auto in Kindersitzen gesichert sein. Bis zum fünften Lebensjahr sind spezielle Sicherheitsgurte vorgeschrieben. Informieren Sie sich also frühzeitig bei Ihrer Autovermietung.

Die hygienischen und medizinischen Bedingungen sind mit denen in Europa vergleichbar. Hotels und Motels sichern ihre Swimmingpools mit hohen Einzäunungen ab. Und aufs Fahrrad darf, ob klein oder groß, jeder nur mit Plastikhelm.

Am anderen Ende der Welt muss noch mehr als anderswo darauf geachtet werden, die junge Haut vor der intensiven Sonneneinstrahlung zu schützen. Überall sind spezielle Badeanzüge erhältlich, die UV-Strahlen abhalten. Jetzt müssen Sie Ihren Kleinen nur noch einbläuen, womit Sie sich am Anfang vielleicht selbst schwer tun: dass man beim Linksverkehr vor Überqueren der Straße erst nach rechts, dann nach links schaut. Und dann steht dem Familienerlebnis Neuseeland nichts mehr im Weg.

■ NORDINSEL

HOT WATER BEACH [126 C1–2]
Wenn das keinen Spaß macht: im weichen Sand nach Herzenslust tiefe Löcher graben, bis das heiße Wasser der natürlichen Thermalquellen durch den Sand aufsteigt. Erkundigen Sie sich nach den Gezeiten, denn nur bei Ebbe sind die Thermalquellen zugänglich. Beim Baden im Meer ist Vorsicht geboten: Wegen der starken Strömungen ist es nur sehr guten Schwimmern zu empfehlen. *Südl. von Hahei an der Ostküste der Coromandel Peninsula | Info zur Tide: Visitor Centre Whitianga | Tel. 07/ 866 55 55 | www.whitianga.co.nz*

KELLY TARLTON´S UNDERWATER WORLD & ANTARCTIC ENCOUNTER [125 D5]
Dank des durchsichtigen Acryltunnels tauchen die Kinder trockenen Fußes ein in die Unterwasserwelt des Südpazifiks – ohne dass ihnen die über den Köpfen kreisenden Haie und Mantarochen etwas anhaben können. Nebenan wird spielerisch und interaktiv Wissenswertes über den Südpol vermittelt: z.B. echte Pinguine, die in ihrem Element angeschaut werden können. Zudem wird die antarktische Unterwasserwelt beleuchtet. *Tgl. 9 bis 18 Uhr, im Sommer bis 21 Uhr | Orakei Wharf, Tamaki Drive | Auckland | Erwachsene 29,50, Kinder 14 NZ$*

SPLASH PLANET [127 D6]
Nach aufwendiger Renovierung ist das Spaßbad wirklich ein spritziges Vergnügen, v. a. an heißen Sommertagen, die es in der *Hawke Bay* zur Genüge gibt. Ihre Kinder haben die Auswahl unter Innen- und Außenpools, Riesenrutschen, Piratenburg mit Sprungbrettern, Kindereisenbahn, Minigolf, Beachvolleyball und und und ... *Sommer tgl. 10–18, Winter Sa/So sowie feiertags 10–17 Uhr | 2 km außerhalb im Windsor Park | Grove Rd. | Hastings | 25 NZ$ | www. splashplanet.co.nz*

VOLCANIC ACTIVITY CENTRE [126 C4]
Ist man von so vielen speienden Kratern, siedenden Quellen und heißen Dämpfen umgeben wie im Innern der Nordinsel, sollte man Kindern schon erklären können, was es mit den vulkanischen Aktivitäten auf sich hat. Sie sind überfragt? Macht nichts. Freuen Sie sich gemeinsam mit dem Nachwuchs über einfallsreiche audio-

Eisenbahnfahrten wie anno dazumal sind ein vergnügliches Ferienerlebnis

visuelle Effekte, und lernen Sie dabei eine Menge über Erdbeben und Vulkanismus. *Mo–Fr 8.30–17 Uhr | Wairakei Park | Taupo | Eintritt 9,50 NZ$*

WAIHEKE ISLAND [126 B1]
Ein Badeausflug auf die von herrlichen Stränden umgebene Insel im Hauraki Gulf lockert das Besichtigungsprogramm sicher auf. Egal ob Oneroa, Palm Beach oder Onetangi, Sand und Wellen machen den Kindern überall gleich Spaß. An sonnigen Wochenenden kann es eng werden, wenn die Auckländer in Scharen auf die Insel „hüpfen". 35 Minuten dauert die Fährfahrt ab Ferry Building *(Fullers Cruise Centre | Quay St. | Tel. 09/367 91 11 | www.fullers. co.nz).* Mietwagen gibt's an der *Matiata Wharf (Tel. 09/372 86 35).* Infos: *www.tourismwaiheke.co.nz*

SÜDINSEL

ANTIGUA BOAT SHEDS [131 D5]
An den schwarz-weiß gestrichenen Bootsschuppen werden auch geräumige Ruderboote vermietet, mit denen Sie mit Ihren Kindern gemütlich den Botanischen Garten Christchurchs durchqueren können. Es gibt auch ein Café. *Tgl. 10–16.30 Uhr | 2 Cambridge Terrace | Christchurch*

THE LUGE [132 C3]
Bob's Peak bietet nicht nur Topaussichten für Erwachsene sondern auch Action für Nachwuchs-Formel-1-Piloten: Lassen Sie Ihre Kinder (ab zehn Jahren) auf flinken Schlitten im Skyline Luge den Hügel hinunterrutschen. *Tgl. 9 Uhr bis zur Dämmerung | Queenstown | 8 NZ$ pro Fahrt*

THE PUZZLING WORLD [133 D2–3]
Draußen brauchen die Kids eine Weile, um aus dem riesigen Irrgarten herauszufinden. Drinnen staunen sie über allerhand schräge Illusionen, die die Welt auf den Kopf zu stellen scheinen. Geduldsspiele lassen selbst an langen Regentagen keine Langeweile aufkommen. *Tgl. 8.30–17 Uhr | Hwy. 6 | Wanaka | Eintritt 12,50 NZ$*

> VON ANREISE BIS ZOLL

Urlaub von Anfang bis Ende: die wichtigsten Adressen und Informationen für Ihre Neuseelandreise

▚ ANREISE

FLUGZEUG

Ans andere Ende der Welt fliegt man entweder auf der West- (USA) oder Ostroute (Asien). Die Flugzeiten liegen zwischen ca. 21 und 23 Stunden. Bei Flügen über Amerika sollten Sie auf penible Sicherheitsvorkehrungen gefasst sein. Die besten Verbindungen auf dieser Route, v.a. bei Stopps in der Südsee, bietet Air New Zealand *(www.airnewzealand.com)* über London (Zubringerflüge ab Deutschland) oder in Kombination mit Lufthansa ab Frankfurt, dann auch über Hongkong. Auf der Ostroute hat Singapore Airlines *(www.singaporeair. com)* die schnellste Verbindung mit kurzem Aufenthalt in Singapur. Preislich attraktiv mit gutem Service ist Qantas *(www.qantas.com)*, die aber in Singapur und dann in einer australischen Stadt zwischenlandet. Wer die lange Strecke in angenehme 6- bis 7-Stundenetappen (Dubai, Singapur, Sydney) unterteilen will, ist bei Emirates *(www.emirates.com)* gut aufgehoben. Tipp: Oft sind Flüge nach Australien preiswert zu bekommen, weiter nach Neuseeland geht es dann mit einer Billigairline wie Virgin Blue *(www.flypacificblue.com)*.

▚ AUSKUNFT

Ein neuseeländisches Fremdenverkehrsamt gibt es in Deutschland,

PRAKTISCHE HINWEISE

Österreich und der Schweiz nicht, aber eine informative Website: *www. newzealand.com.*

AUTO

In Neuseeland wird links gefahren, defensiv und dank geringer Verkehrsdichte ziemlich stressfrei. Die Hauptstrecken (State Highways, in diesem Buch abgekürzt SH) und Highways (Hwy.) sind asphaltiert und gut ausgebaut, aber bisweilen sehr kurvenreich. Dadurch schätzt man Entfernungen oft falsch ein. Mehrspurige Schnellstraßen gibt es nur im Umkreis der Großstädte. Die Höchstgeschwindigkeit beträgt 100 km/h, in Ortschaften 50 km/h. Achtung: intensive Geschwindigkeitskontrollen mit *speed cameras* und Alkoholkontrollen (0,5 Promille-Grenze). An Kreuzungen und im Kreisverkehr gilt rechts vor links! Man braucht einen internationalen Führerschein. Der ist nur in Verbindung mit dem nationalen gültig.

DIPLOMATISCHE VERTRETUNGEN

EMBASSY OF THE FEDERAL REPUBLIC OF GERMANY

90–92 Hobson St. | Wellington | Tel. 04/473 60 63 | Fax 473 60 69 | www. wellington.diplo.de

CONSULATE-GENERAL OF AUSTRIA

57 Willis St. | Wellington | Tel. 04/ 499 63 93 | Fax 499 63 92 | www. austria.org.au

EMBASSY OF SWITZERLAND

22–24 Panama St. | Wellington | Tel. 04/472 15 93 | Fax 499 63 02 | www. eda.admin.ch/wellington

EINREISE

Bei einem Aufenthalt bis zu drei Monaten ist kein vor der Reise zu beantragendes Visum erforderlich, der Reisepass muss noch 3 Monate über das Rückreisedatum hinaus gültig sein. Vorweisen muss man das Rückflugticket, dann wird ein Visum für drei Monate in den Pass eingetragen. Wer bis zu zwölf Monate als Tourist im Land bleiben möchte, sollte sich sein Visum vorher bei der Botschaft im Heimatland *(Botschaft von Neuseeland | Friedrichstr. 60 | 10117 Berlin | Tel. 030/206 21-21 | Fax 20 62 11 14 | www.nzembassy.com/germany)* besorgen. Dort ist es preiswerter.

GELD & DEVISEN

Sehr verbreitet sind Visa und Eurocard/Mastercard, die von fast allen Tankstellen, den meisten Supermärkten und Hotels akzeptiert werden und mit denen auch an vielen Automaten (Maestro-Zeichen) Geld abgehoben werden kann – übrigens auch mit EC-Karte und PIN (günstiger). Nach wie vor sind Travellerschecks (Euro) eine sichere Angelegenheit.

GESUNDHEIT

Impfungen sind nicht notwendig, die medizinische Versorgung entspricht den Maßstäben in Europa. Auf jeden Fall eine zusätzliche Reisekrankenversicherung mit Rücktransport abschließen. Nach einem Unfall genießen auch Touristen kostenlose Erstbehandlung *(accident compensation)*.

◼◼ INLANDSREISEVERKEHR ◼◼

Züge verkehren nur zwischen Auckland und Wellington, Picton und Christchurch und zwischen Christchurch und Greymouth (TranzAlpine).

Busse pendeln regelmäßig zwischen allen Orten auf der Nord- und der Südinsel; sie sind zuverlässig und ideales Verkehrsmittel für Rucksacktouristen.

WÄHRUNGSRECHNER

€	NZ$	NZ$	€
1	2,39	10	4,19
2	4,77	20	8,38
3	7,16	25	10,48
5	11,94	50	20,96
7	16,71	75	31,44
10	23,89	100	41,92
15	35,82	125	52,40
25	59,69	150	62,89
50	119,39	200	83,85

Besonders günstig sind Pässe für Bus, Bahn, Fähre und Flugzeug, z. B. Flexi Pass *(www.intercitycoach. co.nz)* und Best Pass *(www.bestpass. co.nz)*. Die Backpackerbusse von Magic *(www.magicbus.co.nz)* und Kiwi Experience *(www.kiwiexperi ence.com)* fahren noch preiswerter. Alle Pässe können auch vor Ort gekauft werden.

Nationale Flüge werden von *Air New Zealand (Tel. 0800/73 70 00 | www.airnewzealand.com)*, *Qantas*

(Tel. 0800/80 87 67 | www.qantas.co. nz) und *Pacific Blue/Virgin Blue (Tel. 0800/67 00 00 | www.flypacificblue. com)* angeboten. Sonderangebote übers Internet. Der Hin- und Rückflug Auckland–Christchurch kostet ca. 100 Euro, je nach Tageszeit.

Für Wohnmobilfahrer: Die Fähre zwischen Nord- und Südinsel (Nov.–März) möglichst schon zu Hause buchen, sonst sofort nach Ankunft in Christchurch oder Auckland, *Tel. 0064/4/498 30 00 | www.interislan der.co.nz* oder *www.bluebridge.co.nz.*

◼◼ INTERNET ◼◼

Es gibt wohl keine Info, die das Internet in Sachen Neuseeland nicht vorhält. Die meisten Seiten erreichen Sie über *www.newzealandsites.com*, Touristisches gibt es bei *www.newzea land.com* und *www.aaguides.co.nz* (auch mit Routenplaner), ein Reiseforum mit vielen Tipps bei *www.nz info.de*. Über Aktivitäten informiert *www.nzoutside.com*, eine Menge Anregungen für Outdoor-Erlebnisse bietet *www.wildernessmag.co.nz*. Wer eine Unterkunft sucht, findet sie unter *www.nzcamping.co.nz*, *www. superiorinns.co.nz*, *www.heritage inns.co.nz*, *www.friars.co.nz*, *www. bnb.co.nz*. Sehr günstige Hotelangebote gibt es vier Wochen vor Anreise unter *www.wotif.co.nz* und *www.four corners.co.nz*. Backpackers holen sich ihre Tipps auf den Websites *www.backpack.co.nz*, *www.vip.co.nz*, *www.yha.org.nz*. Kunst, Kultur und Maori bieten folgende Adressen: *www.craftinfo.org.nz*, *www.maori. org.nz/tikanga*. Einen Neuseeland-Newsletter können Sie unter *www. neuseelandhaus.de* einsehen. Wer sich fundiert über Neuseeland informieren möchte, ist bei *Te Ara,* der „Encyclopedia of New Zealand", richtig: *www.teara.govt.nz*

■ INTERNETCAFÉS & WLAN ■

Internetcafés gibt es in den touristischen Zentren an jeder Ecke und alle Vier- und Fünf-Sterne Hotels bieten Internetanschluss (meist gegen Aufpreis) auf den Zimmern. Auch viele i-Sites (Visitor Information) verfügen über Internetanschluss für die Gäste.

Wenn Sie ein WLAN-fähiges Handy oder Notebook mitnehmen, können Sie landesweit in rund 600 Cafés, auf Campingplätzen oder in Hotels auf Hotspots zurückgreifen – fast ausschließlich gegen Gebühr (das erfahren Sie nach Öffnen des Browsers). *Ipass (www.ipass.com)* oder *Telecom New Zealand (www.telecom.co.nz/ wirelesshotspot)* bieten Prepaidkarten für WLAN an *(z. B. Telecom: 9,95 NZ$ pro Stunde bzw. 120 MB).* Auf folgenden Seiten finden Sie Hotspots in Ihrer Nähe: *www.jiwire.com, www.hotspot-locations.de, www.wi-fihotspotsdirectory.com, www.wififreespot.com, www.totalhotspots.com (nur ipass-WLAN-Service)*

■ KLIMA & REISEZEIT ■

Die beste Reisezeit ist im Nov./Dez. (Frühjahr) sowie während der meist wetterbeständigen Monate Feb., März, April (Sommer/Herbst). Das Land ist stets Winden ausgesetzt. Durchschnittlich fallen 700–1500 ml Niederschlag, ideal für die üppige Vegetation. Das Klima auf der Südinsel ähnelt dem mitteleuropäischen, im Norden der Nordinsel ist es eher

subtropisch. Ausgezeichneter Wintersport ist auf Nord- und Südinsel Juli–Sept. möglich.

Zu jeder Reisezeit gehören ein warmer Pullover und regenfeste Kleidung ins Gepäck!

> WAS KOSTET WIE VIEL?

> KAFFEE	2 EURO	für einen Milchkaffee
> KINO	7,70 EURO	für ein Ticket
> WEIN	3,70 EURO	für ein Glas Wein
> FISH & CHIPS	3,50 EURO	für eine Portion
> BENZIN	0,90 EURO	für einen Liter Super
> TAGES-ZEITUNG	0,55 EURO	für „The Press"

■ MIETWAGEN & WOHNMOBILE ■

Das Mindestalter, um in Neuseeland ein Auto zu mieten, beträgt 21 Jahre. Ein neuwertiges Mittelklassemodell kostet ca. 90 NZ$/Tag *(z. B. Maui, Richard Pearse Dr. | Mangere | Auckland | Tel. 09/275 30 13 | Fax 275 96 90 | www.maui-rentals.com)* plus Vollkaskoversicherung. Ältere Modelle sind günstiger. Rabatte gibt's bei einer Mietdauer von mehr als drei Wochen.

Von November bis März kostet ein Vier-Bett-Camper zwischen 190 und 260 NZ$ pro Tag. Beim Befahren bestimmter Strecken mit dem Mietwagen erlischt der Versicherungschutz.

Sparen Sie nicht an einer Vollkasko-versicherung *(ca. 20 Euro pro Tag)*, wenn doch, achten Sie unbedingt auf Ihr Kreditkartenlimit. Einige Vermieter belasten Ihr Konto sofort mit 5000 NZ$ (Kaution), wenn Sie keine Vollkaskoversicherung ab-schließen.

■ ÖFFNUNGSZEITEN

Seit der Liberalisierung des Laden-schlussgesetzes haben viele Super-märkte bis spät abends und am Wo-chenende geöffnet. Damit hat die Institution der kleinen *Dairy* an der Ecke, Jahrzehnte lang die letzte Ret-tung für späte Einkäufe, langsam ausgedient. Alle übrigen Geschäfte öffnen wochentags meist von 9 bis 17.30 Uhr, beim Late Night Shop-ping am Donnerstag bzw. Freitag bis ca. 20 Uhr. In größeren Städten sind sie auch sonntags zwischen 11 und 16 Uhr geöffnet.

■ POST

Eine Postkarte nach Europa kostet 1,50 NZ$ und ist ca. 6–10 Tage un-terwegs. Ein Brief kostet 2 NZ$.

■ STROM

230 Volt Wechselstrom. In Neusee-land gibt es nur dreipolige Flachstec-ker. Sie benötigen einen Adapter, den Sie vor Ort in Elektro- und Kof-fergeschäften erhalten.

■ TELEFON & HANDY

Ortsgespräche sind von privaten Te-lefonen gebührenfrei. In öffentlichen Telefonzellen benutzt man Telefon-karten, die jeder *Dairy* oder Zeit-schriftenhändler führt. Preiswerter sind Karten von privaten Anbietern in vielen Internetcafés überall im Land. Oft kostet dort ein Telefonat nach Deutschland ca. 14 Cent/Min.

Mit dem heimischen Mobiltelefon (GSM) sind Sie auch in Neuseeland

WETTER IN WELLINGTON

Jan.	Feb.	März	April	Mai	Juni	Juli	Aug.	Sept.	Okt.	Nov.	Dez.
21	21	19	17	14	13	12	12	14	16	17	19
Tagestemperaturen in °C											
13	13	12	11	8	7	6	6	8	9	10	12
Nachttemperaturen in °C											
8	7	6	5	4	4	4	4	6	6	7	7
Sonnenschein Std./Tag											
7	4	5	10	11	14	14	15	10	10	11	10
Niederschlag Tage/Monat											
17	18	18	17	14	14	13	13	12	14	14	17
Wassertemperaturen in °C											

über das so genannte Roaming erreichbar – je nach Dienstleister ein teurer Spaß. Günstiger ist es, wenn Sie alle Handyanrufe vor dem Abflug auf Ihre Mailbox umleiten. In Neuseeland kaufen Sie dann bei Vodafone einen *prepaid chip*, der in Ihr GSM-Handy passt (30 NZ$ inkl. 10 NZ$ Gesprächsguthaben). Sie bekommen sofort eine neuseeländische Mobilrufnummer sowie eine Sprachmailbox. Gebühren/Min.: 1,39–1,99 NZ$ für ein Gespräch nach Deutschland (19–7 Uhr).

Vorwahl nach Deutschland 0049, Österreich 0043, in die Schweiz 0041, Vorwahl nach Neuseeland 0064. Die in diesem Band angegebenen 0800-Nummern sind in Neuseeland gebührenfrei.

TRINKGELD

Trinkgelder sind nicht üblich – auch wenn diese Regel bei wirklich gutem Service mehr und mehr durchbrochen wird.

ÜBERNACHTEN

Die *tourist flats* (komfortable Hütten) und *cabins* (einfache Hütten) auf Campingplätzen kosten ca. 30 NZ$/ Person, ca. 25 NZ$ bezahlt man durchschnittlich für die zahlreichen *Backpacker Hostels* in Mehrbett- bzw. Doppelzimmern.

Von diversen touristischen Ballungszentren abgesehen, ist Camping fast überall erlaubt, auf privatem Grund muss um Erlaubnis gefragt werden. Auf den meist gut ausgestatteten Campingplätzen kostet die Nacht für zwei Personen und ein Wohnmobil 30–35 NZ$. Wildromantisch, aber ohne Komfort sind die etwa 200 vom Department of Conservation (DOC) ausgewiesenen *Conservation Campsites*.

Verschiedene Hotelketten *(Best Western, Golden Chain, Flag)* und Agenturen *(Main Stay)* bieten Hotelpässe an *(100–170 NZ$ pro Zimmer/ Nacht)*, Farmaufenthalte vermittelt *Rural Holidays, Christchurch | Tel. 03/355 62 18 | Fax 03/355 62 71 | www.ruralholidays.co.nz* oder auch *www.nzfarmholidays.co.nz*, *www.ruraltourism.co.nz* und *www.nzhomestay.co.nz*.

ZEIT

Neuseeland liegt in der Nähe der Datumsgrenze. Während unserer Sommerzeit beträgt der Zeitunterschied plus 10 Stunden, während der neuseeländischen Sommerzeit (Okt.–Anfang April) plus 12 Stunden.

ZEITUNGEN & MAGAZINE

Zeitungen und Magazine aus Europa liegen erst ein bis zwei Wochen nach Erscheinen aus. Die Auswahl an neuseeländischen Zeitungen ist im Verhältnis zur Einwohnerzahl groß.

ZOLL

Die Einfuhr von Gegenständen des persönlichen Bedarfs ist zollfrei, ebenso Geschenke, deren Wert 700 NZ$ nicht übersteigt. Verderbliche Lebensmittel dürfen nicht eingeführt werden (hohe Strafen!). Sehr selten wird auf die Preise noch die GST (Goods and Services Tax) aufgeschlagen: zurzeit 12,5 Prozent. Zollfrei bei der Wiedereinreise in die EU: u. a. 200 Zigaretten, 1 l hochprozentiger Alkohol, 6 l Wein und Geschenke bis 430 Euro.

„Sprichst du Englisch?" Dieser Sprachführer hilft Ihnen,
die wichtigsten Wörter und Sätze auf Englisch zu sagen

Aussprache

Zur Erleichterung der Aussprache sind alle englischen Wörter mit einer einfachen
Aussprache (in eckigen Klammern) versehen. Folgende Zeichen sind Sonderzeichen:

ə	nur angedeutetes „e" wie in bitte
θ	[s] gesprochen mit der Zungenspitze zwischen den Zähnen
'	die nachfolgende Silbe wird betont. Bei einer Hauptbetonung steht das Zeichen oben vor der Silbe, bei einer Nebenbetonung unten.

■ AUF EINEN BLICK

Ja./Nein.	Yes. [jäs]/No. [nɔu]
Vielleicht.	Perhaps. [pə'häps]/Maybe. ['mäibih]
Bitte.	Please. [plihs]
Danke.	Thank you. ['θänkju]
Vielen Dank!	Thank you very much. ['θänkju 'wäri 'matsch]
Gern geschehen.	You're welcome. [joh 'wälkəm]
Entschuldigung!	I'm sorry! [aim 'sori]
Wie bitte?	Pardon? ['pahdn]
Ich verstehe Sie/dich nicht.	I don't understand. [ai dɔunt andə'ständ]
Ich spreche nur wenig …	I only speak a bit of … [ai 'ɔunli spihk ə'bit əw …]
Können Sie mir bitte helfen?	Can you help me, please? ['kən ju 'hälp mi plihs]
Ich möchte …	I'd like … [aid'laik]
Das gefällt mir (nicht).	I (don't) like it. [ai (dɔunt) laik_it]
Haben Sie …?	Have you got …? ['həw ju got]
Wie viel kostet es?	How much is it? ['hau'matsch is it]
Wie viel Uhr ist es?	What time is it? [wot 'taim is it]

■ KENNENLERNEN

Guten Morgen!	Good morning! [gud 'mohning]
Guten Tag!	Good afternoon! [gud ahftə'nuhn]
Guten Abend!	Good evening! [gud 'ihwning]
Hallo! Grüß dich!	Hello! [hə'ləu]/Hi! [hai]
Mein Name ist …	My name is … [mai näims …]
Wie ist Ihr/dein Name?	What's your name? [wots joh 'näim]
Wie geht es Ihnen/dir?	How are you? [hau 'ah ju]
Danke. Und Ihnen/dir?	Fine thanks. And you? ['fain θänks, ənd 'ju]
Auf Wiedersehen!	Goodbye!/Bye-bye! [gud'bai/bai'bai]

SPRACHFÜHRER ENGLISCH

Tschüss!	See you!/Bye! [sih ju/bai]
Bis morgen!	See you tomorrow! [sih ju tə'mərəu]

■ UNTERWEGS

AUSKUNFT

links/rechts	left [läft]/right [rait]
geradeaus	straight on [strait 'on]
nah/weit	near [niə]/far [fah]
Bitte, wo ist …?	Excuse me, where's …, please?
	[iks'kjuhs 'mih 'weəs … plihs]
Bahnhof	station ['stäischn]
Bushaltestelle	bus stop [bas stɔp]
Flughafen	airport ['eəpoht]
Wie weit ist das?	How far is it? ['hau 'fahr_is_it]
Ich möchte ... mieten.	I'd like to hire ... [aid'laik tə 'haiə]
... ein Auto .../... ein Fahrrad ...	… a car. [ə 'kah]/…a bike. [ə 'baik]

PANNE

Ich habe eine Panne.	My car's broken down.
	[mai 'kahs 'brəukn 'daun]
Würden Sie mir bitte einen Abschleppwagen schicken?	Would you send a breakdown truck, please? ['wud ju sänd ə bräikdaun trak plihs]
Gibt es hier in der Nähe eine Werkstatt?	Is there a garage nearby? ['is θeə_ə 'gärahdsch 'niərbai]

TANKSTELLE

Wo ist die nächste Tankstelle?	Where's the nearest petrol station?
	['weəs θə 'niərist 'pätrəlstäischn]
Ich möchte … Liter …	… litres of … ['lihtəs əw]
… Normalbenzin.	… three-star, ['θrihstah]
… Super.	… four-star, ['fohstah]
… Diesel.	… diesel, ['dihsl]
… bleifrei/verbleit.	… unleaded/leaded, please.
	[an'lädid/'lädid plihs]
Voll tanken, bitte.	Full, please. ['ful plihs]

UNFALL

Hilfe!	Help! [hälp]
Achtung!	Attention! [ə'tänschn]

Vorsicht!	Look out! ['luk 'aut]
Rufen Sie bitte …	Please call … ['plihs 'kohl]
… einen Krankenwagen.	… an ambulance. [ən 'ämbjuləns]
… die Polizei.	… the police. [θə pə'lihs]
Es war meine Schuld.	It was my fault. [it wəs 'mai 'fohlt]
Es war Ihre Schuld.	It was your fault. [it wəs 'joh 'fohlt]
Geben Sie mir bitte Ihren	Please give me your name and address!
Namen und Ihre Anschrift.	[plihs giw mi joh 'näim ənd ə'dräs]

ESSEN/UNTERHALTUNG

Wo gibt es hier …	Is there … here? ['is θeər … 'hiə]
… ein gutes Restaurant?	… a good restaurant …[ə 'gud 'rästərohng]
… ein typisches Restaurant?	… a restaurant with local specialities …
	[ə 'rästərohng wiθ 'ləukl ,späschi'älitis]
Gibt es hier eine	Is there a nice pub here?
gemütliche Kneipe?	['is θeər_ə nais 'pab hiə]
Reservieren Sie uns bitte	Would you reserve us a table for four
für heute Abend einen	for this evening, please? ['wud ju ri'söhw
Tisch für vier Personen.	əs ə 'täibl fə foh fə θis 'ihwning plihs]
Die Speisekarte, bitte.	Could I have the menu, please.
	['kud ai häw θə 'mänjuh plihs]
Ich nehme ...	I'll have ... [ail häw]
Bitte ein Glas ...	A glass of ..., please [ə 'glahs_əw ... plihs]
Auf Ihr Wohl!	Cheers! [tschiəs]
Bezahlen, bitte.	Could I have the bill, please?
	['kud ai häw θə 'bil plihs]
Wo sind bitte die Toiletten?	Where are the restrooms, please?
	['weərə θə 'restruhms plihs]

EINKAUFEN

Wo finde ich …?	Where can I find …? ['weə 'kən_ai 'faind]
Apotheke	chemist's [kämists]
Bäckerei	baker's [bäikəs]
Kaufhaus	department store [di'pahtmənt stoh]
Lebensmittelgeschäft	food store ['fuhd stoh]
Markt	market ['mahkit]

ÜBERNACHTUNG

Können Sie mir bitte …	Can you recommend …, please?
empfehlen?	[kən ju ,räkə'mänd … plihs]
… ein Hotel ...	… a motel ... [ə məu'täl]
… eine Pension ...	… a guest-house ... [ə 'gästhaus]
Ich habe bei Ihnen ein	I've reserved a room.
Zimmer reserviert.	[aiw ri'söhwd_ə 'ruhm]

Haben Sie noch …	Have you got … [həw ju got]
… ein Einzelzimmer?	… a single room? [ə 'singl ruhm]
… ein Doppelzimmer?	… a double room? [ə 'dabl ruhm]
… mit Dusche/Bad?	… with a shower/bath? [wiθ ə 'schauə/'bahθ]
… für eine Nacht?	… for one night? [fə wan 'nait]
… für eine Woche?	… for a week? [fə ə 'wihk]
Was kostet das Zimmer mit …	How much is the room with … ['hau 'matsch is θə ruhm wiθ]
… Frühstück?	… breakfast? ['bräkfɔst]
… Halbpension?	… half board? ['hahf'bohd]
… Vollpension?	… full board? ['ful'bohd]

■ PRAKTISCHE INFORMATIONEN ■

ARZT

Können Sie mir einen guten Arzt empfehlen?	Can you recommend a good doctor? [kən ju ˌräkə'mänd ə gud 'doktə]
Ich habe hier Schmerzen.	I've got pain here. [aiw got päin 'hiə]

POST

Was kostet …	How much is … ['hau 'matsch is]
… ein Brief …	… a letter … [ə 'lätə]
… eine Postkarte …	… a postcard … [ə pɔustkahd]
… nach Deutschland?	… to Germany? [tə 'dschöhməni]

■ ZAHLEN ■

0	zero, nought [siərəu, noht]	19	nineteen [ˌnain'tihn]
1	one [wan]	20	twenty ['twänti]
2	two [tuh]	21	twenty-one [ˌtwänti'wan]
3	three [θrih]	30	thirty ['θöhti]
4	four [foh]	40	forty ['fohti]
5	five [faiw]	50	fifty ['fifti]
6	six [siks]	60	sixty ['siksti]
7	seven ['säwn]	70	seventy ['säwnti]
8	eight [äit]	80	eighty ['äiti]
9	nine [nain]	90	ninety ['nainti]
10	ten [tän]	100	a (one) hundred
11	eleven [i'läwn]		['ə (wan) 'handrəd]
12	twelve [twälw]	1000	a (one) thousand
13	thirteen [θöh'tihn]		['ə (wan) 'θausənd]
14	fourteen [ˌfoh'tihn]	10000	ten thousand
15	fifteen [ˌfif'tihn]		['tän 'θausənd]
16	sixteen [ˌsiks'tihn]	1/2	a half [ə 'hahf]
17	seventeen [ˌsäwn'tihn]	1/4	a (one) quarter
18	eighteen [ˌäi'tihn]		['ə (wan) 'kwohtə]

Purakaunui Falls, Südinsel

> UNTERWEGS IN NEUSEELAND

Die Seiteneinteilung für den Reiseatlas finden Sie auf
dem hinteren Umschlag dieses Reiseführers

REISE ATLAS

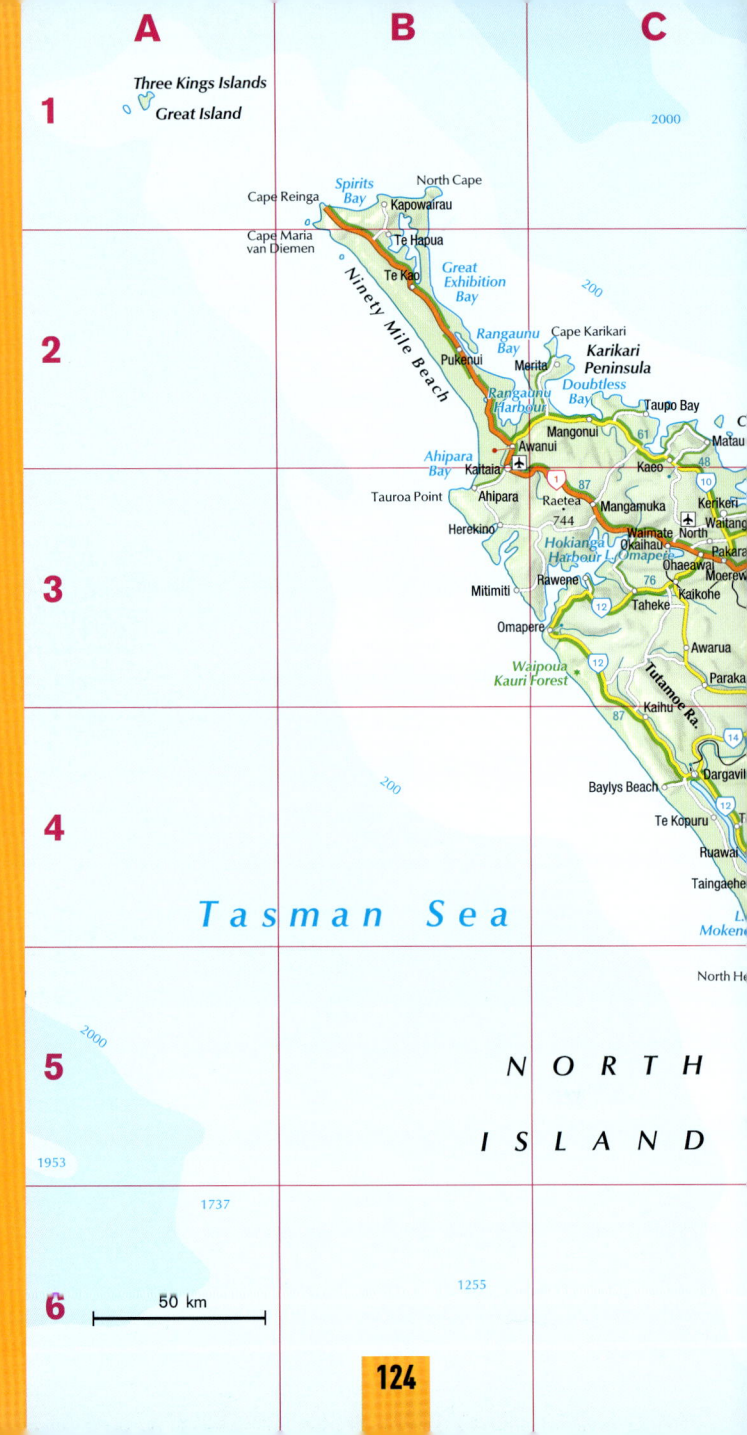

A **B** **C**

1

Three Kings Islands
Great Island

2000

2

Spirits
Bay
North Cape
Cape Reinga
Kapowairau
Cape Maria
van Diemen
Te Hapua
Te Kao
Great
Exhibition
Bay
200
Rangaunu
Bay
Cape Karikari
Karikari
Peninsula
Pukenui
Merita
Doubtless
Bay
Taupo Bay
Rangaunu
Harbour
C
Mangonui
Matau
61
Awanui
Kaeo
48
Kaitaia
Ahipara
Bay
10
Raetea
87
Kerikeri
Tauroa Point
Ahipara
Waitang
744
Mangamuka
Waimate
North
Herekino
Pakara
Hokianga
Harbour
Okaihau
Omapeu
Ohaeawai
Moerew
Rawene
76
Kaikohe
Mitimiti
Taheke
12
Awarua
Omapere
12
Paraka
Waipoua
Kauri Forest
Kaihu
87
14

Ninety Mile Beach

3

Tutamoe Ra.

Baylys Beach
200
Dargaville
Te Kopuru
12
Ruawai
Taingaehe

4

T a s m a n   S e a

L
Moken
North He

5

2000

N O R T H

I S L A N D

1953

1737

6

50 km

1255

PACIFIC OCEAN

Cape Brett
Taupiri Bay
Home Point
Whangaruru Harbour
Poor
Knights Is.
Whakapara
Whananaki
Whangarei
325
Ngunguru
Ngunguru Bay
Parua Bay
Whangarei Heads
Bream Head
Ruakaka
Bream Bay
Hen and
Chickens Is.
Waipu
Waiotira
56
1
Paparoa
Brynderwyn
12
Mangawhai Heads
Kaiwaka
27
Port Albert
Wellsford
Tapora
Kaipara Flats
Warkworth
Harbour
16
53
Puhoi Tavern
Kawau I.
Mahurangi
Mahurangi West
Beach
60
Orewa
Waiwera
Kaukapakapa
Whangaparaoa
Dairy Flat
Helensville
Kumeu
Albany
Waimauku
35
Waiheke I.
50
18
TAKAPUNA
Wai Beach
Waitakere
42
16
Howick
Onetangi
AUCKLAND
35
Papatoetoe
Maraetai
Huia
Manukau Harbour
Manurewa
Papakura
Matakawau
Clarks Beach
1
16
Pokekohe
Bombay
Waiuku
Pokeno
34
Waikato
22
Glen Murray
126
Te Kauwhata
Port Waikato
Naike
Huntly
75
Waikorea
140

Little
Barrier I.
M.
Hauturu
722
Port Fitzroy
Cape Rodney
Leigh
Graddock Channel
Rakitu I.

Great Barrier I.

Tryphena

Colville Channel

Port Jackson
Hauraki Gulf
Whangaahei
Port Charles
Ponui I.
Coro-
mandel
Whitianga
Kuatunu
Orere Point
25
Tapu
Kohukohunui
688
Firth of Thames
Thames
Kaiaua
Waitaka-
ruru
2
Ngatea
210
Mangatarata
26
Paeroa
Tirohia
Aroha
36
Katikati

Cuvier I.

Great Mercury I.
Red Mercury I.
Mercury Bay
Cooks Beach
Cathedral Cove
Hot Water Beach
Coromandel
Coroglen
Slipper I.
Tairua
Peninsula
59
Pauanui
Kopu
103
Whangamata
41
32
54
Waihi
21
Waihi Beach
Mayor I.
Karewa I.
Matakana I.
Tauran
Harbour

125

126

PACIFIC OCEAN

2119

N O R T H

S L A N D

○ Mayor I.

ewa I.

kana I.

White Island

321

Cape Runaway

Hicks Bay

Matakaoa Point

Te Araroa

East Cape

Rangitukia

t. Maunganui

Motiti I.

Bay of Plenty

Waihau Bay

94

Papamoa Beach

Maketu

Pokehina

Paengaroa

Matata

Motohora I.

Whakatane

Ōhope

Torere

Omarumutu

66

Waikura

Raukumara 1413

Tikitiki

Ruatoria

e Puke

46

52

Paroa

33

Edgecumbe

Te Teko

Kawerau

Taneatu

Opotiki

Whanokao 1618

Hikurangi 1752

Waipiro Bay

Te Puia Springs

Mourea

30

Te Ngae

81

Waimana

65

Ihunga

Tokomaru Bay

Mawhai Point

otorua

L. Tarawera

Buried Village

1111

Mt. Tarawera

Waiohau

Waimana

2

73

Motu

Oponae

1213

Huiarua

1440

Raukumara Range

Tauwhareparae

nangu Valley

Waiotapu

Kopuriki

Matawai 309

Tolaga Bay

90

Reporoa

Broadlands

Murupara

Urewera

Koranga

72

Te Karaka

Whatatutu

Whangara

99

Nat. Park

Waerengaahika

35

Falls

Rangitaiki Riv.

Ruatahuna

1392 Ra.

Manuoha

Matawhero

Gisborne

1

Huiarau Ra.

L. Waikaremoana

1369

Waikaremoana

Tiniroto

36

Muriwai

Poverty Bay

Rangitaiki

40

147

5

38

63

105

98

Frasertown

Morere

Mahia

Table Cape

107

Te Haroto

Kotemaori

215

Wairoa

Whakaki

Nuhaka

Mahia Beach

Te Haroto

2

Taneatua

Ahuriri Point

Mahia Peninsula

Tutira

117

Maungaharuru Ra.

Puketitiri

Te Pohue

Hawke

Portland I.

Kaweka

1724

ango

Ota-mauri

Whirinaki

Eskdale

Bay View

Bay

Puketapu

NAPIER

HASTINGS

Clive

Cape Kidnappers

Maraekakaho

Clifton

200

50

Pakipaki

Havelock North

Tikokino

Ongaonga

143

Otane

Waimarama

625

Waipawa

Kairakau Beach

apau

22

Wai-

Omakere

129

50 km

A | B | C

1

Kahurangi Pt.

2

Karamea

Karamea
Bight

Littl
War

Mokihinui
Hector
Granity

Seddonvil

Old Coal
Mines

Waimangaroa

Carters Beach
Cape Foulwind
Westport

Lyell

T a s m a n   S e a

Charleston

Inangahua

Historic Gold
Mining Town

38

Punakaiki

.1525

Mt. Victoria
1640

3

Pancake Rocks and Blowholes

Reefton

31

Barrytown

Ikamatua

44

Runanga
Greymouth

Black-
ball
Still-
water

Ahaura
Ngahere

Springs
Junction

79

Paroa

Moana

Mt. Ajax
1832

Shantytown
Kumara Junction
Kumara

L. Brunner

Hokitika

23
Inchbonnie

L. Sur

4

Kaniere

82

1821

S O U T H

Ross

Kokatahi

78

L. Kaniere

Otira

Arthur's
Pass
Nat. Park

I S L A N D

Historic Gold
Mining Town

Arthur's Pass
Arthur's Pass
Mt. Murchison

2400

Abut Head

Harihari

67

2204

Mt. Whitecombe

73

Okarito

2644

Lake
Coleridge

Springfield

Oxfor

5

Franz Josef
Glacier

Whataroa

2545
Newton
Pk.

96

Lake
Coleridge

Sheffield

L. Matheson

2545

L. Heron

2332

Homebush

73

Gillespes Beach

Fox
Glacier

Mount Cook
Nat. Park

The
Thumbs

Mount Hutt

Hororata

Jacobs River

Westland
Nat. Park

3764

Mount Cook
El Aoraki

Alford
Forest

47

Methven

Dar

111

Mount Cook

El Tasman
Glacier

Lilybank

Mt.
Misery
2294

1951

Ben McLeod

Mount
Somers

72

Ashburton
Forks

Lauriston

Winchmore

Chertsey

6

L. Huxley

80

Lake
Tekapo

Lake
Tekapo

56

Montalto

Mayfield
Marotham

96

Winchmore

Pendarves

Ashburton

Wakanui

Chorwood
Downs

Arundel

Tin-
wald

Hakatere

2499

57

Burke
Pass

43

Geral-
dine

79

Hinds

50

Lowcliffe

Clandeboye

Saint Mary

L. Ohau

Twizel

Chamber
lain

Winchester
Pleasant
Point

Orari

Temuka

133

9

130

1

Cape Farewell
Puponga
Pakawau
Collingwood
Aorere Caves
Motu-pipi
Takaka
Upper Takaka
Riwaka
Motueka
Mariri
Tasman
Ngatimoti
Mapua
Hope
Wakefield
Belgrove
Korere
Hiwipango
Kikiwa

Farewell Spit

Cape Stephens

D'Urville Island
French Pass
Marlborough Sounds
Pepin I.
Mt. Stokes
1203

Tasman Bay
Rai Valley
Havelock
Portage
Kenapuru Head

Wakapuaka
Hira
Nelson
Richmond

Richmond Ra.
Renwick
Wairau Riv.
Wairau Valley

Kapiti I.
Paraparaumu
Paekakariki

Plimmerton
Porirua
Tawa

WELLINGTON

Baring Head

Picton
Cape Terawhiti
Cloudy Bay
Tuamarina
Woodbourne
Blenheim
Wine Area

Abel Tasman Nat. Park
Separation Point
Totaranui
Marahau
Kaiteriteri

Arapawa I.

Upper Moutere
Tapa-wera

Motupiko

Owen River
44
Kawatiri Junction
Rotoroa
St. Arnaud
L. Rotoiti
Nelson Lakes Nat. P.

Pinnacle
2120
Glenlee North
1722
Ward
Seddon
Clifford Bay
Cape Campbell
Saltworks
70

Wakapai Riv.
Awatere River

Severn
2026
Tapuaenuku
2885

Inland Kaikoura Ra.
Clarence Riv.
Seaward Kaikoura Ra.
Kekerengu
Clarence
200

Mt. Clara
1945
Mt. Tinline
1747
Hanmer Springs

Kaikoura
Clarence Reserve
Oaro
Kaikoura Peninsula
2000

Waiau
350
74
Parnassus
Leamington
Cheviot
Port Robinson
Hurunui Mouth

Culverden
7
Hurunui
Scargill
58
Hawarden
Waikari
Motunau Beach

Waipara
Amberley
Leithfield
31
Pegasus Bay

Loburn
Rangiora
Woodend
Kaiapoi
Belfast
Yaldhurst
CHRISTCHURCH

Templeton
Lyttelton
Lincoln
Diamond Harbour
Taitapu
Little Akaloa
Banks Peninsula
Little River
Akaroa

L. Ellesmere

Kaitorete Spit

P A C I F I C   O C E A N

50 km

131

128

A   **B**   **C**

1

T a s m a n   S e a

Jackson Bay   Ok
Jackson Head   Jackson
Cascade Point   Bay
Lake Ellery

2

S O U T H
I S L A N D

Awarua Point   *Big Bay*
Yates Point   *Lake McKerrow*
Lake Wilmot   Mt. Aspir
National   3027
Milford Sound   Mt. Tutoko
2746
Milford Sound
Sutherland Sound   Mitre Peak
Bligh Sound   *Homer Tunnel*
George Sound   *Sutherland Falls*   3265
Milford Track   Glenorchy
Skippers
Canyon   Coron
Arrowtc
Caswell Sound   *Fiordland*
Charles Sound   Queenstown
Thompson Sound   Mt. Frank
Secretary I.   Te Anau Downs
Doubtful Sound   Mt. Lyall   *Lake Te Anau*   Eyre
1905   *Glowworm Caves*   Peak   Kingston
Dagg Sound   *National*   1968

3

Lake Wakatipu
121
Remarkables
102   Athol
226
Five
Rivers

4

Breaksea Sound   Doubtful Sound
Resolution Island   Manapouri
Dusky Sound   *Lake Manapouri*   The Key
Park   Monowai   78
Lake Monowai   Moss-
burn
Cape Providence   Avondale   Lumsden
Chalky Inlet   Ohai   Night-   Dipton   50   Lintley
caps   West   Dipton   Ardlussa
Preservation Inlet   *Lake Poteriteri*   Clifden   Wreys   Kingston
Puysegur Point   Orawia   Bush   Crossing   Rivers
Tuatapere   Centre
Long Point   Otautau   Drum-   Bush
Fairfax   mond   Winton   Hedge-
Te Waewae Bay   Orepuki   Wilsons   hope   Go
Crossing   Mataura

5

Thornbury   Edendale
Colac Bay   Wallace-   Lorneville   65
Riverton   town
Pahia Point   **Invercargill**   Woodlands
Gorge
Barracouta Point   Road
Foveaux   Greenhills   Fortrose
Bluff   Tiwai   *Toetoes*
Point   *Bay*   Waip
Solander I.   *Strait*   *Ruapuke I.*   *Green I.*
Ruapuke I.   Hazelburgh Gro
Mt. Anglem
Codfish Island   980
Rakiura National Park   Halfmoon Bay
Mason Bay   Ernest Island
Paterson Inlet

6

50 km

Doughboy Bay   Mt. Allen
750   Shelter
Point
Big Moggy Islands
Muttonbird Islands   **132**   *Stewart Island*
Southwest Cape   *Pearl I.*

Autobahn, mehrspurige Straße - in Bau Highway, multilane divided road - under construction		Autoroute, route à plusieurs voies - en construction Autosnelweg, weg met meer rijstroken - in aanleg
Fernverkehrsstraße - in Bau Trunk road - under construction		Route à grande circulation - en construction Weg voor interlokaal verkeer - in aanleg
Hauptstraße Principal highway		Route principale Hoofdweg
Nebenstraße Secondary road		Route secondaire Overige verharde wegen
Fahrweg, Piste Practicable road, track		Chemin carrossable, piste Weg, piste
Straßennummerierung Road numbering	1 7	Numérotage des routes Wegnummering
Entfernungen in Kilometer Distances in kilometers	259 130 129	Distances en kilomètres Afstand in kilometers
Höhe in Meter - Pass Height in meters - Pass	1365	Altitude en mètres - Col Hoogte in meters - Pas
Eisenbahn - Eisenbahnfähre Railway - Railway ferry		Chemin de fer - Ferry-boat Spoorweg - Spoorpont
Autofähre - Schifffahrtslinie Car ferry - Shipping route		Bac autos - Ligne maritime Autoveer - Scheepvaartlijn
Wichtiger internationaler Flughafen - Flughafen Major international airport - Airport	✈ ✈	Aéroport importante international - Aéroport Belangrijke internationale luchthaven - Luchthaven
Internationale Grenze - Provinzgrenze International boundary - Province boundary		Frontière internationale - Limite de Province Internationale grens - Provinciale grens
Unbestimmte Grenze Undefined boundary		Frontière d'Etat non définie Rijksgrens onbepaalt
Zeitzonengrenze Time zone boundary	-4h Greenwich Time -3h Greenwich Time	Limite de fuseau horaire Tijdzone-grens
Hauptstadt eines souveränen Staates National capital	**WELLINGTON**	Capitale nationale Hoofdstad van een souvereine staat
Hauptstadt eines Bundesstaates Federal capital	**Nancy**	Capitale d'un état fédéral Hoofdstad van een deelstat
Operrgebiot Restricted area		Zone interdite Verboden gebied
Nationalpark National park		Parc national Nationaal park
Antikes Baudenkmal Ancient monument	∴	Monuments antiques Antiek monument
Sehenswertes Kulturdenkmal Interesting cultural monument	✴ *Wine Area*	Monument culturel intéressant Bezienswaardig cultuurmonument
Sehenswertes Naturdenkmal Interesting natural monument	✴ *Cathedral Caves*	Monument naturel intéressant Bezienswaardig natuurmonument
Brunnen Well		Puits Bron
Ausflüge & Touren Excursions & tours		Excursions & tours Uitstapjes & tours

FÜR IHRE NÄCHSTE REISE

gibt es folgende MARCO POLO Titel:

DEUTSCHLAND
Allgäu
Amrum/Föhr
Bayerischer Wald
Berlin
Bodensee
Chiemgau/Berchtes-
  gadener Land
Dresden/Sächsische
  Schweiz
Düsseldorf
Eifel
Erzgebirge/Vogtland
Franken
Frankfurt
Hamburg
Harz
Heidelberg
Köln
Lausitz/Spreewald/
  Zittauer Gebirge
Leipzig
Lüneburger Heide/
  Wendland
Mark Brandenburg
Mecklenburgische
  Seenplatte
Mosel
München
Nordseeküste
  Schleswig-
  Holstein
Oberbayern
Ostfriesische Inseln
Ostfriesland/
  Nordseeküste
  Niedersachsen/
  Helgoland
Ostseeküste
  Mecklenburg-
  Vorpommern
Ostseeküste
  Schleswig-
  Holstein
Pfalz
Potsdam
Rheingau/
  Wiesbaden
Rügen/Hiddensee/
  Stralsund
Ruhrgebiet
Schwäbische Alb
Schwarzwald
Stuttgart
Sylt
Thüringen
Usedom
Weimar

ÖSTERREICH | SCHWEIZ
Berner Oberland/
  Bern
Kärnten
Österreich
Salzburger Land
Schweiz
Tessin
Tirol
Wien
Zürich

FRANKREICH
Bretagne
Burgund
Côte d'Azur/
  Monaco
Elsass
Frankreich
Französische
  Atlantikküste
Korsika
Languedoc-
  Roussillon
Loire-Tal
Normandie
Paris
Provence

ITALIEN | MALTA
Apulien
Capri
Dolomiten
Elba/Toskanischer
  Archipel
Emilia-Romagna
Florenz
Gardasee
Golf von Neapel
Ischia
Italien
Italienische Adria
Italien Nord
Italien Süd
Kalabrien
Ligurien/
  Cinque Terre
Mailand/Lombardei
Malta/Gozo
Oberital. Seen
Piemont/Turin
Rom
Sardinien
Sizilien/
  Liparische Inseln
Südtirol
Toskana
Umbrien
Venedig
Venetien/Friaul

SPANIEN | PORTUGAL
Algarve
Andalusien
Barcelona
Baskenland/Bilbao
Costa Blanca
Costa Brava
Costa del Sol/
  Granada
Fuerteventura
Gran Canaria
Ibiza/Formentera
Jakobsweg/Spanien
La Gomera/El Hierro
Lanzarote
La Palma
Lissabon
Madeira
Madrid
Mallorca
Menorca
Portugal
Spanien
Teneriffa

NORDEUROPA
Bornholm
Dänemark
Finnland
Island
Kopenhagen
Norwegen
Schweden
Südschweden/
  Stockholm

WESTEUROPA | BENELUX
Amsterdam
Brüssel
Dublin
England
Flandern
Irland
Kanalinseln
London
Luxemburg
Niederlande
Niederländische
  Küste
Schottland
Südengland

OSTEUROPA
Baltikum
Budapest
Estland
Kaliningrader
  Gebiet
Lettland
Litauen/Kurische
  Nehrung
Masurische Seen
Moskau
Plattensee
Polen
Polnische Ostsee-
  küste/Danzig
Prag
Riesengebirge
Russland
Slowakei
St. Petersburg
Tschechien
Ungarn
Warschau

SÜDOSTEUROPA
Bulgarien
Bulgarische
  Schwarzmeerküste
Kroatische Küste/
  Dalmatien
Kroatische Küste/
  Istrien/Kvarner
Montenegro
Rumänien
Slowenien

GRIECHENLAND | TÜRKEI | ZYPERN
Athen
Chalkidiki
Griechenland
  Festland
Griechische
  Inseln/Ägäis
Istanbul
Korfu
Kos
Kreta
Peloponnes
Rhodos
Samos
Santorin
Türkei
Türkische Südküste
Türkische Westküste
Zakinthos
Zypern

NORDAMERIKA
Alaska
Chicago und
  die Großen Seen
Florida
Hawaii
Kalifornien
Kanada
Kanada Ost
Kanada West
Las Vegas
Los Angeles
New York
San Francisco
USA
USA Neuengland/
  Long Island
USA Ost
USA Südstaaten/
  New Orleans
USA Südwest
USA West
Washington D.C.

MITTEL- UND SÜDAMERIKA
Argentinien
Brasilien
Chile
Costa Rica
Dominikanische
  Republik
Jamaika
Karibik/
  Große Antillen
Karibik/
  Kleine Antillen
Kuba
Mexiko
Peru/Bolivien
Venezuela
Yucatán

AFRIKA | VORDERER ORIENT
Ägypten
Djerba/
  Südtunesien
Dubai/Vereinigte
  Arabische Emirate
Israel
Jerusalem
Jordanien
Kapstadt/
  Wine Lands/
  Garden Route
Kenia
Marokko
Namibia
Qatar/Bahrain/
  Kuwait
Rotes Meer/Sinai
Südafrika
Tunesien

ASIEN
Bali/Lombok
Bangkok
China
Hongkong/
  Macau
Indien
Japan
Ko Samui/
  Ko Phangan
Malaysia
Nepal
Peking
Philippinen
Phuket
Rajasthan
Shanghai
Singapur
Sri Lanka
Thailand
Tokio
Vietnam

INDISCHER OZEAN | PAZIFIK
Australien
Malediven
Mauritius
Neuseeland
Seychellen
Südsee

REGISTER

In diesem Register sind alle in diesem Buch erwähnten Orte und Ausflugsziele verzeichnet. Halbfette Seitenzahlen verweisen auf den Haupteintrag, kursive auf ein Foto.

IMPRESSUM

> SCHREIBEN SIE UNS!
Liebe Leserin, lieber Leser,

wir setzen alles daran, Ihnen möglichst aktuelle Informationen mit auf die Reise zu geben. Dennoch schleichen sich manchmal Fehler ein – trotz gründlicher Recherche unserer Autoren/innen. Sie haben sicherlich Verständnis, dass der Verlag dafür keine Haftung übernehmen kann.

Wir freuen uns aber, wenn Sie uns schreiben.

Senden Sie Ihre Post an die MARCO POLO Redaktion, MAIRDUMONT, Postfach 31 51, 73751 Ostfildern, info@marcopolo.de

IMPRESSUM
Titelbild: Paproa Nationalpark (Laif: Emmler)
Fotos: Michal Akurangi (12 o.); AWOL Canyoning Adventures: Cam Bowen (102 M. r.); B. Gebauer (138), R. Gerth (37, 55, 66/67, 78); HB Verlag: Emmler (4 r., 11, 22, 26, 48/49, 61, 71, 81, 92, 98/99, 108/109), Schröder/Schwarzbach (U. l., 2 l., 53, 56, 64, 69, 87, 89, 95, 107); S. Huy (138); © iStockphoto.com: Ivana Brcic (103 M. l.), Kati Molin (102 o. l.), Sandra O'Claire (103 u. r.), Dragan Trifunovic (15 M.); Kermadec Ocean Fresh Restaurant (102 M. l.); KITESPORTS: Genis Hontoria (14 o.); Lade: BAV (3 l.); Laif: Emmler (U. M., U. r., 1, 2 r., 3 M., 3 r., 4 l., 5, 8/9, 18, 20, 23, 27, 30/31, 35, 43, 44, 59, 72, 75, 83, 96, 100, 104/105, 111), Hauser (6/7, 24/25, 28, 28/29, 29, 38, 46, 50, 62/63, 91), Heeb (16/17, 22/23, 41, 76/77, 85, 122/123), Kristensen (32); Maiden Records: Simon Waterhouse (14 u.); Potiki Adventures (103 o. l.); Renaissance Brewing Company (15 u.); simunovich olive estate (15 o.); SkyJump Ltd. (102 u. r.); Snowplanet Limited: Michael Bradley (103 M. r.); Trelise Cooper Ltd. (12 u.); Justin Westgate (13 u.); Woodlyn Park: Billy Black (13 o.)

10., aktualisierte Auflage 2009
© MAIRDUMONT GmbH & Co. KG, Ostfildern
Chefredaktion: Michaela Lienemann, Marion Zorn
Autoren: Bruni Gebauer, Stefan Huy; Redaktion: Christina Sothmann
Programmbetreuung: Jens Bey, Silwen Randebrock; Bildredaktion: Gabriele Forst
Szene/24h: wunder media, München
Kartografie Reiseatlas: © MAIRDUMONT, Ostfildern
Innengestaltung: Zum goldenen Hirschen, Hamburg; Titel/S. 1–3: Factor Product, München
Sprachführer: in Zusammenarbeit mit Ernst Klett Sprachen GmbH, Stuttgart, Redaktion PONS Wörterbücher

> UNSERE AUTOREN

MARCO POLO Insider Bruni Gebauer und Stefan Huy im Interview

Bruni Gebauer und Stefan Huy bereisen seit über 20 Jahren die Südhalbkugel, sind in Neuseeland ebenso zu Hause wie in Deutschland.

Wie lernten Sie Neuseeland kennen?

Zunächst war es nicht mehr als ein Urlaub vom europäischen Winter, der uns das erste Mal nach *down under* verschlug. Dass wir prompt in Liebe zu Neuseeland entbrannten, lag nicht zuletzt an der wunderschönen Südinsel, wo wir uns bald niederließen.

Was reizt Sie an Neuseeland?

Nach wie vor die landschaftliche Schönheit mit ihrer einzigartigen Flora und Fauna. Es gibt immer noch Platz im Überfluss. Wer einsame Wildnis sucht, muss keine riesigen Entfernungen zurücklegen: nur raus aus den Städten und rein die abwechslungsreiche Natur. Die schreckt nicht mit gefährlichen Raubtieren, giftigen Schlangen oder Spinnen. Für uns ist Neuseeland das kleine Paradies am Ende der Welt geblieben.

Und was mögen Sie nicht so?

Die große Entfernung, sprich die 21 Flugstunden bis ans andere Ende der Welt. Aber die sind mit der Vorfreude hin leichter zu bewältigen als nach dem Abschied von *down under*. Weshalb wir den Maxiflug wenn möglich mit einem belebenden Stopover z. B. in Singapur, Hongkong oder Dubai unterbrechen.

Wie wird man zum Kenner des Landes?

Mit reisen, reisen, reisen. Es gibt wohl kaum eine Ecke auf den Inseln, die wir nicht besucht haben. Dank der relativ kurzen Entfernungen können wir von unserem Zuhause aus Routen regelmäßig abfahren und oft Trips zu touristischen Zielen unternehmen. Und mittlerweile kennen wir überall Einheimische, die uns gut mit Informationen versorgen.

Womit verdienen Sie Ihr Geld?

Mit schreiben, schreiben, schreiben. Natürlich über Neuseeland und Australien, aber auch über die Inselwelten der Südsee (u. a. für MARCO POLO) und über Singapur – dort kommt man auf dem Weg nach *down under* nämlich meist vorbei. Außerdem zeigen wir Wohnmobil-Reisegruppen die Schönheiten unserer Wahlheimat – wenn wir nicht in Deutschland als Fernsehjournalisten tätig sind.

Mögen Sie die neuseeländische Küche?

Sogar sehr! Man kann heute fast überall hervorragend essen. Dank multikultureller Kochkünste, die frischen Wind in die neuseeländische Küche gebracht haben. Der Fisch ist frisch, das Fleisch saftig, Früchte und Gemüse vielfältig. Dazu gibt's hervorragende Weine und gut gebrautes Bier. In Neuseeland gehen wir oft zum Essen aus, auch weil das Preis-Leistungs-Verhältnis in den meisten Restaurants (noch) stimmt.

> BLOSS NICHT!

Zu viele Stopps

Lassen Sie sich nicht verführen, zu viele Stopps auf der Reise nach Neuseeland einzulegen. Die Zahl lockender Zwischenaufenthalte bei der Reise um die Welt ist zwar groß, aber Neuseeland braucht Zeit für sich: Mindestens drei bis vier Wochen sollten Sie für Touren über die Nord- und Südinsel veranschlagen.

Dem Jetlag nachgeben

Meiden Sie eiweißreiche (Energie zuführende) Nahrung im Flugzeug. Trinken Sie während des Fluges viel, aber möglichst gar keinen Alkohol. So bekämpfen Sie den Jetlag (Störung des internen Rhythmus durch die Zeitverschiebung) schon ganz gut. Versuchen Sie auf jeden Fall nach Ankunft in Neuseeland erst in den Abendstunden und nach einem leichten Essen schlafen zu gehen. So gewöhnen Sie sich leichter an den neuen Tagesrhythmus.

Rauchen

Seit 2004 ist Rauchen in Neuseelands Restaurants, aber auch in Cafés, Bars und Hotelzimmern verboten. Deshalb lieber gleich auf die Terrasse gehen.

Wasser aus Flüssen trinken

Mehr als die Hälfte der Gewässer und Flüsse in den Nationalparks sind vom Giardia-Parasiten befallen. Tabu ist die Erfrischung aus dem Bach und der Sprung in so manches Gewässer. Der Parasit dringt über den Mund in den Magen-Darm-Trakt ein und verursacht nach drei Wochen Durchfall, starke Blähungen und Magenkrämpfe. Mit Medikamenten lässt er sich erfolgreich und schnell behandeln. Kochen Sie Wasser aus der Natur vor dem Trinken ab, oder reinigen Sie es chemisch (z. B. mit transportablen Filtergeräten, den *Giardia rated filters,* oder mit *Portable Aqua,* 1–2 Tabl./Liter, 50 Stück kosten ca. 14 NZ$). In der Wildnis sollten Sie Ihre Notdurft weit entfernt von Wasserquellen verrichten und mit Erde zudecken. Danach keinesfalls die Hände im Fluss oder See waschen, sondern in einem Behälter. Das Wasser anschließend auf die Erde schütten!

Hotel und Motel verwechseln

Die örtliche Kneipe wird in Neuseeland *hotel* genannt – und die hat nur in den seltensten Fällen einfache Gästezimmer *(pub beds),* die an Touristen vermietet werden. Fragen Sie besser nach *motels,* wenn Sie ein Bett für die Nacht suchen.

Zu viel Sonne

Mit Hautkrebs ist *down under* nicht zu spaßen. Die starke Sonneneinstrahlung mit Nähe zum Ozonloch ist gefährlich. Wappnen Sie Ihre Haut durch Cremes mit hohem Lichtschutzfaktor. Tragen Sie draußen Sonnenbrille, eine breitkrempige Kopfbedeckung und Oberbekleidung, die ihre Schultern und Arme schützt. Und denken Sie daran: In und auf dem Wasser wirkt die Sonneneinstrahlung besonders aggressiv!